고조선왕조실록

차례
Contents

일러두기 · 이 책에 표기된 연도 중 기원전이 아닌 연도는 편의상 '서기'를 생략했다.
· 이 책의 날짜는 모두 음력이다.

들어가며

    고조선의 역사는 한국 역사의 시발점으로서 주목받는다. 원래는 조선(朝鮮)이라 불렸지만, 이성계(李成桂)가 자기가 세운 나라에 같은 이름을 붙였기 때문에 이와 구별하느라 고조선이라고 부를 따름이다.

    오늘날 고조선이 세워진 시기를 두고 기원전 30세기부터 기원전 4세기까지 수천 년이나 다른 시점을 제시하며 논란이 분분하다. 이유는 분명하다. 고조선의 역사를 한국 역사에서 제외하지 않는 한, 그 자체가 역사적 전통의 깊이 문제가 되기 때문이다.

    비슷한 차원에서 고조선이 언제 고대국가 체제를 갖추었

느냐를 두고도 논란이 빚어지고 있다. 또 이와는 별도로 고조선 역사의 시대구분 또한 논쟁거리다. 고조선사의 시대구분은 몇 가지 문제와 직결되어 있다. 시조로 여겨지는 단군(檀君)과 그 자손들의 실체, 기자(箕子)가 실제로 고조선을 통치했는지 여부가 중요한 요소다. 시대구분의 확실한 기준이 될 수 있는 사건이라고는 위만(衛滿)이 준왕(準王)을 몰아내고 집권한 사실 정도다.

이러한 문제에 대한 시비만 정리해도 웬만한 책 한 권이 나온다고 할 만큼 다양한 주장이 제기되고 있다. 물론 이 책에서 그러한 시비를 시시콜콜히 다룰 만한 여유는 없다. 그렇지만 무슨 근거로 그런 시비가 걸리고 있는지에 대해서는 간략하게나마 다루어보려 한다. 그리고 이를 통해 고조선 역사의 흐름에 대한 줄기를 세우고, 고조선이 동아시아 역사 속에서 어떠한 위상을 가지고 있었는지를 살펴보고자 한다.

많은 사람들이 마지막 왕인 우거왕(右渠王) 때 한(漢)제국의 침략을 받아 고조선이 멸망하며 그 역사가 끝났다고 여긴다. 고조선 왕권이 소멸되었다는 측면에서 틀린 생각이라고 할 수는 없지만, 몇 가지 중요한 요소들을 간과할 수 있다.

그중 하나가 위만에게 밀려난 준왕이 남쪽으로 내려와 한(韓)을 세웠다는 기록이다. 이것이 얼마나 역사적 사실을 반영하고 있는지에 대해서는 견해가 엇갈릴 수 있다. 그리고 내용이 너무 소략하여 준왕 세력이 삼한(三韓)에 미친 영향을 구체적으로 알 수는 없다. 그렇기에 이 기사에 대해 그리 큰 비중을 두지 않았다.

그럼에도 불구하고 삼한의 제도와 문화 속에는 고조선 문명의 영향이 분명히 나타나고 있다. 이 사실은 어떤 형태로든 고조선의 전통이 이후 탄생한 나라들에 이어지고 있음을 말해준다. 삼한뿐 아니라 고조선이 망하기 전부터 존재가 확인되는 부여(夫餘), 고조선에 복속되어 있던 동예(東濊)·옥저(沃沮) 등도 고조선의 영향을 받지 않을 수 없었을 것이다.

이렇게 보면 고조선은 단순히 '시작'이라는 차원만이 아니라, 그 뒤를 이은 나라들의 역사에 디딤돌이 되었던 셈이다. 그러한 측면을 고려하여 이 책에서는 삼한을 비롯해 동예·옥저·읍루(挹婁) 등 당시 큰 비중을 갖지 못했던 작은 세력의 역사까지 고조선 역사와 함께 정리해보았다.

고조선은 언제 어떻게 세워졌나?

　　고조선(古朝鮮)은 원래 조선(朝鮮)이라 불렀다. 『삼국유사(三國遺事)』에서는 위만이 찬탈한 위만조선(衛滿朝鮮)과 구분하기 위해 고조선이라 했다. 오늘날에는 이성계가 세운 조선과 구분하기 위해 고조선이라 부른다. 이 경우 위만조선을 따로 구분하지 않고 모두 고조선의 범주로 보는 것이 보통이다. 조선이라는 나라 이름의 어원에 대해서는 여러 설이 있을 뿐 명확하게 밝혀진 것은 없다.

　　고조선에 대해서는 언제부터 나라를 이루어 살았는지를 보여주는 기록이 별로 없기 때문에 '국가'보다 '문명' 이야기부터 시작할 수밖에 없다. 인류 문명이 돌로 만든 도구인 석기(石器)에서 출발했듯이, 국가권력은 생산력을 비약적으로 증가시킨 금속인 청동기(靑銅器)를 기반으로 나타났다고 여긴다.

이러한 시각이 널리 퍼진 것은 동아시아 초기 국가 중 대표 격인 고조선과 중국의 하(夏)·상(商: 또는 은殷) 등이 청동기 문명을 바탕으로 세워졌다고 보기 때문이다. 그래서 청동기 문명의 등장을 국가가 성립한 지표(指標)로 보는 관점이 굳어져왔다. 한두 사람의 힘으로 다룰 수 없는 거대한 돌로 만들어진 '고인돌' 또는 '지석묘(支石墓)'도 많은 사람들을 동원할 여건을 갖춘 조직이 생겨난 지표로 본다. 이것이 청동기시대 즈음부터 나타나므로 국가의 또 다른 지표인 '계급'과 '신분'이 그때부터 생겨난 증거로 여긴다.

따라서 고조선의 성립 시기는 청동기 문명의 시작과 관련시켜 보는 것이 보통이다. 고조선이 세워진 시기가 기원전 2333년이라는 기록이 있음에도 불구하고, 현재까지 많은 한국 고대사 연구자들이 그것을 믿지 않는 것은 청동기 문명과 국가의 시작을 연관 짓는 이 견해와 깊은 관련이 있다. 보수적인 상고사 전문가들은 여전히 동아시아 청동기 문명이 중국의 하(夏)나라가 세워졌을 무렵 시작되었으며, 그 시기는 기원전 15세기쯤이라고 본다.

그렇기 때문에 한반도의 청동기 유물 가운데 일부의 제

작 연대 측정 결과가 기원전 15세기경으로 나온 사실을 인정하려 하지 않는다. 최근 요하(遼河: 랴오허) 유역에서 기원전 25세기경 청동기 문화가 발견되었다는 사실에도 비슷한 반응을 보인다. 그들이 알고 있던 청동기 유물의 연대와 다르다는 이유로, 잘못된 측정 결과라며 무시하는 경향이 있는 것이다.

한편 마야문명이나 잉카문명처럼 금속 도구 없이 국가 단계를 넘어서 제국(帝國)을 건설한 경우가 존재한다. 동아시아 역사에서도 청동기가 사용되기 이전인 기원전 6000년경부터 나타나기 시작한 홍산문화(紅山文化) 단계에서 국가조직이 생겨난 흔적이 있다. 비슷한 맥락에서, 고인돌에 통치자가 아닌 보통 사람들도 묻혔다는 주장이 제기된다. 이러한 점들은 고조선을 비롯한 동아시아 국가의 기원이 지금 알려진 것보다 훨씬 빠른 시기에 시작되었을 가능성을 암시한다.

동아시아 국가 기원이 어떻든, 고조선의 기원 역시 동아시아 청동기 문명의 뿌리와도 관련이 없을 수 없다. 구리에 아연·주석을 섞어서 만드는 합금(合金)인 '청동(靑銅)'은 문명마다 금속을 섞는 비율이 조금씩 다르다. 따라서 청동기의 합금 비율을 추적해보면 어느 계통인지 알 수 있다. 초기 연구에서는 고조선의 기반이 된 청동기 문명이 시베리아 계통이라고 보는 주장이 강했다. 그러나 이 계통의 청동기는 고조선의 주 무대였던 만주·한반도의 청동기와 차이가 있다는 사실이 밝혀졌다. 이로 보아 시베리아가 고조선 청동기 문명의 뿌리라고 하기는 어렵다.

고조선 청동기는 시베리아 계통보다 중국 상(商)나라(은殷나라) 것과 비슷하다. 따라서 고조선의 기원도 두 청동기 문명과 어떤 관계가 있는지 논란이 될 수밖에 없다. 고조선 청동기 문명이 상나라보다 훨씬 늦게 시작되었다고 보았던 이전의 관점에서는, 기원전 12세기에 망한 상나라 유민(遺民)들이 동쪽으로 도망쳐 오면서 청동기 문명이 만주와 한반도로 전해졌다고 해석했다. 그래서 한때 오늘날 한국인의 조상은 중국 은나라 사람이라는 주장도 나왔었다.

그러나 최근 발해만 인근에서 기원전 25세기의 청동기 문명이 발견되면서 이를 수정해야 할 상황에 놓였다. 이 문명이 고조선과 중국 상나라의 공동 조상이라고 해석할 수 있는 것이다. 이러한 점을 볼 때 고조선을 세운 집단은 어디에서인가 고조선이 있었던 위치로 이동해 왔을 가능성이 크다.

단군은 누구인가?

『삼국유사』 등에 고조선을 세운 시조는 단군(檀君)이라고 기록되어 있다. 그런데 이 기록이 신화의 형태로 남아 있기 때문에, 단군이 실존했는지 여부를 놓고 논란이 있어왔다. 심지어 고려 때 몽골 침입에 맞서 저항 정신을 고취하기 위해 조작한 인물이라는 주장까지 나왔다. 단군신화(檀君神話)에 나오는 풍백(風伯)·우사(雨師)·운사(雲師)가 도교에서 쓰는 용어라는 것 등이 그 근거가 된다.

그러나 짐승과 혼인을 통해 시조가 탄생했다는 유의 이야기는 전형적인 고대(古代) 방식이다. 따라서 이런 내용을 유교 관념이 퍼진 고려 때 조작된 것이라고 보기 어렵다고 지적기도 한다.

그래서 신화 자체는 오래전에 만들어졌으며 입에서 입으로 전해지다가 나중에 문자로 기록되면서 그런 용어가 사용되었다는 쪽으로 정리되는 추세다. 실제로 단군신화를 분석해보면 당시 상황을 엿볼 수 있는 요소들이 나타난다(아래 내용은 『삼국유사』 위주로 정리한 것이며, 『제왕운기(帝王韻紀)』에는 고조선이 세워진 시기나 단군의 혈통에 약간의 차이가 난다).

고기(古記)에 일렀다. 옛날 환인(桓因)의 아들 가운데 환웅(桓雄)이 있어 천하에 자주 뜻을 두고 인간 세상을 탐구(貪求)했다. 아버지가 아들의 뜻을 알고 삼위태백(三危太伯)을 내려다보니 인간들을 널리 이롭게 할 만했다. 이에 천부인(天符印) 세 개를 주어 내려가 다스리게 했다.

환웅은 무리 3,000명을 거느리고 태백산 꼭대기 신단수(神壇樹) 아래로 내려와 이곳을 신시(神市)라고 불렀고, 환웅천왕(桓雄天王)이라 일컬었다. 풍백(風伯)·우사(雨師)·운사(雲師)에게 곡식·수명·질병·형벌·선악 등을 맡기고, 무릇 인간살이 360가지 일을 주관하여 세상에 살면서 교화를 베풀었다.

때마침 곰 한 마리와 범 한 마리가 같은 굴에서 살았는데 늘 신웅(神雄)에게 사람 되기를 빌었다. 이때 환웅신이 영험한 쑥한 심지와 마늘 20개를 주면서 "너희가 이것을 먹고 100일 동안 햇빛을 보지 않는다면 곧 사람의 모습을 얻으리라"고 했다. 곰과 범은 이것을 얻어먹고 삼칠일(三七日) 동안 몸을 삼갔다. 곰은 여자의 몸이 되었지만 금기를 지키지 못한 범은 사람의 몸을 얻지 못했다. 웅녀(熊女)는 혼인할 자리가 없었으므로 늘 단수(壇樹) 밑에서 아기를 배게 해달라고 빌었다. 이에 환웅은 잠시 사람으로 변해 웅녀와 혼인하여 아들을 낳으니 이름을 단군왕검(壇君王儉)이라 했다.

단군왕검은 요(堯) 임금이 왕위에 오른 지 50년 만인 경인년(庚寅年)에 평양성(平壤城)에 도읍하고 비로소 조선(朝鮮)이라 일컬었다. 또 도읍을 백악산(白岳山) 아사달(阿斯達)로 옮겼는데 그곳을 궁홀산(弓忽山)이라고도 하고 금미달(今彌達)이라고도 한다. 그는 1,500년 동안 나라를 다스렸다. 주(周)의 무왕(武王)이 즉위한 기묘년(己卯年)에 기자(箕子)를 조선에 봉하니 단군은 곧 장당경(藏唐京)으로 옮겼다가 뒤에 돌아와 아사달에 숨어 산신(山神)이 되었다. 나이가 1,908세였다.

먼저 이 신화에는 천지를 창조하는 내용이 나타나지 않는다. 이 점은 고조선을 비롯하여 고구려·백제·신라 등의 건국신화가 모두 비슷하다. 나라를 세운 중심 세력이 다른 곳에서 이동해 왔음을 암시한다.

또 단군신화를 통해 청동기 문명이 전달되는 과정에 대한 실마리를 얻을 수 있다. 곰과 호랑이를 각 부족의 숭배 대상인 이른바 '토템(totem)'으로 해석해, 우수한 문명을 가진 환인·환웅 집단과 접촉하여 문명을 도입하려 시도했던 곰 부족과 호랑이 부족이 경쟁했다고 보는 것이다. 결국 환인·환웅 집단이 제시한 조건을 잘 지킨 곰 부족이 호랑이 부족을 물리치고 필요한 문명을 받아들여 나라를 일으킨 사실이 신화로 남았다는 뜻이다.

곰이 환웅과 결혼한 뒤 단군을 낳았다는 내용 또한, 앞선 문명을 가진 집단이 이전에 살고 있던 원주민 세력을 정복한 것이 아니라 융화하는 양상을 보여준다고 할 수 있다. 즉 이주민과 원주민 문명의 융화로 나라가 만들어졌음을 상징적으로 보여준다는 의미다.

이와 같은 청동기 문화의 시작과 전파 경로는 고조선의 성립 과정을 보는 시각에 결정적인 영향을 준다. 어느 계통의 청동기 문명이 어떤 식으로 흘러 들어왔는지가 중요한 단서라는 뜻이다. 이 점이 고조선이라는 나라에 대해 여러 가지 사실을 암시해준다.

그리고 이 신화에서 고조선의 지배자는 '단군왕검(檀君王儉)'이라고 불렀다. 여기서 '단군(檀君)'은 신을 모시는 사람, '왕검(王儉)'은 통치자를 의미한다. 이는 고조선의 통치자가 제사장과 왕의 역할을 동시에 맡았다는 뜻이다. 고조선을 이른바 '제정일치(祭政一致) 사회'라고 부르는 근거 중 하나가 바로 이것이다.

환웅이 신단수(神壇樹) 아래로 내려와 신시(神市)를 만들고 인간살이 360가지 일을 주관하며 교화를 베풀었다는 점도 통치자로서 면모를 잘 보여준다. 한편 단군이 1,500년 동안 나라를 다스렸다는 표현은, 단군왕검이 한 인물이 아니라 고조선을 세우고 다스린 여러 지배자들을 통칭하는 의미라고 본다.

단군의 위상 변화

단군신화를 통해 단군이 당시 고조선이라는 나라에서 차지하고 있었던 위상 또한 짐작해볼 수 있다. 신화에 따르면 단군은 하느님인 환인의 핏줄이다. 이러한 사고방식을 이른바 '천손사상(天孫思想)'이라고 한다. 나라를 세운 시조는 물론 그의 자손인 통치자들 모두 신이나 다름없다는 뜻이다. 이러한 체제 아래에서는 합리적인 사고보다 통치자가 말하는 신의 뜻에 의존한 통치가 이루어진다.

나중에 중국에서 나타나기 시작한 이른바 '천명(天命)'과는 개념이 조금 다르다. 천명은 하늘이 자신의 핏줄에게 통치를 맡기는 것이 아니라, 통치할 만한 덕을 갖춘 자에게 통치권을 내려주는 것이다.

하늘의 자손을 자처하건 하늘로부터 천하를 다스릴 명을 받았다고 하건, 하늘의 권위를 빌려 통치자를 정당화한다는 점에서는 같다. 거꾸로 말하면 이러한 사고구조가 통치를 정당화해주는 역할을 한다고 하겠다.

사실 '국가' 정도 되는 조직을 체계 있게 통치하는 체제를 유지하려면 통치자가 권위를 인정받아야 한다. 초기 동아시아 사회에서 통치자를 정당화하는 주된 방법이 이처럼 '하늘의 자손'임을 내세우는 것이었다. 그렇기에 고조선의 건국신화이자 시조신화인 단군신화에서부터 고조선의 통치자는 '하늘의 자손'이라는 점이 강조된다.

이러한 하늘의 자손이라는 권위를 통한 통치는 뒤이어 나타난 부여·고구려·백제·신라·가야 같은 나라들로 이어졌다. 단군왕검을 비롯해, 고구려 시조 주몽(朱蒙), 그 아들이라는 백제 시조 온조(溫祚), 신라 시조 혁거세(赫居世), 가야 시조 수로(首露) 모두 신의 자손이거나 하늘에서 보내준 사람으로 그려진다.

이와 같은 권위는 이른바 '제천(祭天) 행사'를 치르면서 높아진다. 즉 하늘에 지내는 제사를 제사장이 주도하기 때문에 자연스럽게 그 권위를 높이는 역할을 한다. 부여의 영고(迎鼓), 고구려의 동맹(東盟), 동예의 무천(舞天)이 비슷한 성격을 가지고 있다. 이때 제사장은 제사를 통해 신의 뜻을 전하는 역할을 하면서, 사실상 신이나 다름없는 권위를 가지게 된다. 신을 모시는 사람이 어느 순간 신으로 둔갑해버리는 셈이다. 그러면서 실질적으로 제사장이 통치를 하게 된다. 이것이 단군이 당시에 차지하고 있던 위상이라 할 수 있다.

그런데 단군의 위상은 당대에만 중요했던 것이 아니다. 단군은 고조선의 시조일 뿐 아니라 민족의 시조로 여겨왔다. 이러한 인식은 단군신화가 처음 수록된 『삼국유사』에서부터 나타난다. 『삼국유사』에는 고구려 부분에서 부여 시조인 해부루(解夫婁)와 고구려 시조인 주몽이 배다른 형제라고 적어놓았다. 단군의 핏줄이 부여와 고구려로 연결된다는 인식을 보여준 것이다. 『삼국유사』와 비슷한 시기에 지어진 『제왕운기』에서도 이러한 맥락은 이어진다. 『제왕운기』를 편찬한 이승휴(李承休) 역시 단군을 국가의 기원과 원류로 여겼다.

조선 왕조가 들어서면서부터는 그러한 인식이 더욱 확고해졌다. 조선 왕조의 개국공신 중 한 명인 조박(趙璞)은 "단군은 동방에서 처음으로 천명을 받은 임금"이라고 했다. 조선의 핵심 세력은 이런 논리를 이용하여 이성계가 세운 새 왕조가 단군을 계승했다는 방향으로 연결시켰다. 이성계의 새 왕조가 '조선'이라는 나라 이름 자체를 이어받은 것 역시 그러한 차원이었던 것이다. 실질적으로 조선의 기틀을 잡은 정도전(鄭道傳)은 저서 『조선경국전(朝鮮經國典)』에서 나라 이름을 정한 과정을 설명하면서, 조선이 고조선을 계승했다는 의지를 밝혔다.

이러한 추세는 이후에도 이어져, 1429년(세종 11)에는 단군과 동명왕(東明王)을 함께 모시는 사당을 세웠고, 1456년(세조 2)에는 단군 위패를 '조선 시조(朝鮮始祖)'라고 바꾸었다. 이와 함께 위패 내용에서 단군의 탄생과 관련한 신화적 요소를 제거해나갔다. 단군의 앞 세대에 대한 언급을 빼버리며, 산신(山神)이 되었다는 것과 1,500년이 넘는 수명도 인정하지 않았다. 단군이 한 사람이 아니라 고조선 통치자들 전체를 의미한다는 해석이 나온 것은 이러한 맥락에서였다. 이성계의 조선 왕조에서는 단군을 최대한 합리적으로 포장하려 했던 것이다.

『세종실록』「지리지」에서는 강화도에 있는 참성단(塹星壇)이 단군의 제천단(祭天壇)이며, 강화도 전등산에 있는 삼랑성(三郎城)은 단군이 세 아들을 보내어 쌓았다고 소개했다. 단군이 실존 인물이었다는 점을 보여주기 위한 조치였다. 『동국여지승람(東國輿地勝覽)』에서도 평안도 강동현(江東縣)에 있는 무덤이 단군릉(檀君陵)이라 했다. 현재 북한도 발굴을 통해 이 무덤이 단군의 무덤임을 확인했다는 자세를 취하고 있다.

16세기 들어 사림(士林)의 시대가 되면서 단군의 위상이 약화되는 사태가 있었으나, 조선이 청(淸)의 침략을 받자 또다시 단군의 정통성이 강조되었다. 그렇지만 근대에 들어서면서 단군은 실존 인물이 아니라는 인식이 고개를 들기 시작했다. 특히 일제가 조선을 식민 통치하면서 단군은 실제 인물이 아니라는 점이 더욱 강조되었다. 이러한 과정을 보면 단군의 위상과 실존 인물 여부는 사실보다 당대의 정치적 태도에 따라 좌우되어왔음을 알 수 있다.

기자는 누구인가?

　단군 다음의 고조선 통치자로 알려진 사람이 기자(箕子)다. 그런데 기자가 고조선 통치자라고 기록된 데는 중국의 변화와 깊은 관련이 있다. 고조선과 같은 계통에서 갈려 나간 상나라가 중원을 지배하게 되자 여기서 발생한 사건이 주변 나라에 큰 영향을 주었다. 상나라가 망했을 때도 그 영향이 고조선에 미쳤다. 이때 많은 상나라 유민이 동쪽으로 이동했기 때문이다.

　그중 기자라는 인물이 '동쪽으로 가 고조선의 왕이 되어, 조선의 백성들에게 예의·양잠·방직·8조법금(八條法禁) 등을 가르쳤다'는 설화가 있다. 이것이 이른바 '기자동래설(箕子東

來說)'이다. 이렇게 기자가 지배했던 조선을 기자조선(箕子朝鮮)이라고 부른다. 이 설화대로라면 고조선의 정권이 기자에게 넘어갔다는 뜻이 된다.

이를 이용하여 식민사학자들은 한국 역사가 애초부터 중국의 지배를 받으며 시작되었다는 해석을 내놓았다. 이런 해석 때문에 기자조선이라는 것이 실제로 존재했는지에 대해 많은 논란이 있었다. 이 논란의 핵심은 기자라는 사람이 실제로 고조선으로 왔는지 여부와 관련되어 있다.

이 문제를 이해하기 위해서는 우선 '기자는 누구인가'부터 알아볼 필요가 있다. 기자는 상나라 왕실로부터 기(箕) 지역에 봉(封)해졌기 때문에 '기자(箕子)'라고 부른다. 기자는 상나라 28대 군주 문정(文丁: 또는 태정太丁)의 아들이자 마지막 왕인 주왕(紂王)의 숙부다. 그에 관한 설화에 따르면 농사와 상업, 예법(禮法) 등에 두루 능통했다 한다.

기자라는 명칭의 근거가 된 기(箕) 지역은 토방(土方)·귀방(鬼方) 등으로 불린 북방 이민족들이 활동했던 곳으로, 상나라 영토 중 가장 북쪽에 치우쳐 있다. 그리고 이 방향이 고대 중국인들이 고조선이 있다고 여겼던 방향과 비슷하다. 기자는 이들 이민족을 효과적으로 통치한 공을 인정받았다.

문정이 죽고 나서 형 제을(帝乙)이 뒤를 잇자 기자는 태사(太師)라는 자리에서 형을 보좌했다. 제을은 여러 차례 주변 세력을 정벌했지만 기울어가는 나라를 바로잡지 못했다. 제을이 죽자 그의 맏아들 미자계(微子啓)는 어머니의 출신이 천하다는 이유로 왕위를 이어받지 못했다. 그래서 즉위한 둘째 아들 신(辛)이 상의 마지막 왕인 주왕이다.

주왕은 키가 크고 용모가 빼어나며 총명하고 힘이 셌다고 한다. 많은 전쟁에서 승리를 거둘 정도로 능력이 있었다. 그러나 자신의 능력을 지나치게 믿은 나머지 애첩 달기(妲己)와 함께 향락에 빠지면서 나라가 기울게 만들었다 한다. 주왕이 술로 가득 채운 연못[酒池] 주변의 나무에 비단을 휘감은 뒤 고기를 매달아놓고[肉林] 달기와 함께 배를 타고 노닐면서 손이 가는 대로 고기를 따서 먹었다는 일화는 유명하다. 여기에서 '주지육림(酒池肉林)'이라는 고사성어가 유래했다.

기자는 형 비간(比干)과 함께 주왕을 말리려 했다. 하지만 주왕은 듣지 않고 충성심을 확인한다며 비간의 몸을 갈라 심장을 끄집어내 죽여버렸다. 이뿐 아니라 주왕은 간언(諫言)하는 신하들에게 '기름을 발라 숯불 위에 걸쳐놓은 구리 기둥 위를 걷게 하는' 포락지형(炮烙之刑)을 내리곤 했다. 그러고는 기둥에서 미끄러져서 타 죽는 모습을 구경하면서 즐거워했다고 한다.

주왕의 행실에 위협을 느낀 사람들은 기자에게 상을 떠나라고 권했다. 그러나 기자는 "신하된 도리로 임금이 간언을 듣지 않는다고 떠나는 것은 임금의 악행을 부추기는 것으로 따를 수 없다"라며 거절했다 한다. 물론 기자 자신도 주왕의 행실을 모르는 바 아니었기 때문에, 머리를 풀어 미친 척하며 노비가 되려 했다는 것이 기자 관련 설화의 설정이다. 그럼에도 불구하고 기자의 의도를 눈치 챈 주왕은 그를 잡아들여 가두었다.

그러나 주왕은 정권을 오래 유지하지 못했다. 호화로운 궁전인 녹대(鹿臺)를 짓느라 무거운 세금을 부과하면서 백성들의 원성이 높아졌다. 그러자 제후(諸侯)들의 맹주 격인 서백(西伯)의 아들 발(發)이 강태공(姜太公)과 함께 제후들을 규합하여 상 공략에 나섰다. 이 공략이 성공하여 마침내 기원전 1046년 상이 멸망하고 주(周)가 들어섰다. 주왕은 녹대에 불을 지르고 그 속에서 타 죽었다고 전한다. 이렇게 천하를 평정한 발이 주 무왕(武王)이며 아버지 서백은 문왕(文王)으로 불린다.

상 멸망과 함께 갇혀 있던 기자는 무왕 덕분에 풀려나 상나라 유민을 이끌고 떠났다. 무왕이 그 소식을 듣고 기자를 조선 왕으로 임명했다고도 하고, 반대로 기자가 왕이 된 후에 이를 추인했다고도 한다. 무왕이 즉위한 지 13년(16년이라고도 한다) 만에 기자가 주나라 왕실을 찾아왔을 때, 무왕이 기자에게 정치에 대해 물었다. 기자는 이에 대한 답으로 무왕에게 하(夏)의 우(禹) 임금이 정했다는 아홉 가지 정치의 원칙을 전했다고 한다. 이를 '홍범구주(洪範九疇)' 또는 '기주(箕疇)'라고 하며, 『서경(書經)』 「홍범편(洪範編)」에 그 내용이 전한다.

정치에 대한 자문에는 응했지만 기자는 주나라 신하가 되려 하지는 않았다. 상나라 신하로서 두 임금을 섬길 수 없다는 것이 그의 생각이었다. 기자가 상의 멸망을 슬퍼하며 지었다는 「맥수지시(麥秀之詩)」에서 '맥수지탄(麥秀之嘆)'이라는 고사성어가 나왔다.

『삼국유사』에는 기자가 고조선의 왕으로 봉해지자 단군은 "아사달(阿斯達)에 숨어 산신(山神)이 되었다"고 되어 있지만, 『제왕운기』에는 단군이 아사달 산신이 되고 난 164년 후에 기자가 왔다고 한다.

기자조선의 실체

기자가 조선의 왕이 되었다는 설화를 사실로 인정하느냐 마느냐에 따라 고조선 역사에 대한 해석이 크게 달라진다는 점에 대해서는 두말할 필요가 없다. 사실 기자에 대한 설화는 후대 사람들의 가치관으로 이야기를 만들어내며 갖다 붙인 흔적과 함께 엇갈리는 내용이 많아 액면 그대로 인정하기는 곤란하다. 그렇지만 중요한 사료 여러 곳에 기록이 남아 있기 때문에 완전히 근거 없는 이야기라고 무시할 수도 없다.

이런 문제가 대개 그렇듯이, 기자가 고조선의 왕이 되어 다스렸다는 사실에 대해서는 기록들이 엇갈리고 있으며 그

가치에 대해서도 시대와 평가하는 사람의 태도에 따라 다르게 나타난다.

처음에는 기자에 대한 실체를 액면 그대로 받아들이는 경향이 강했다. 그렇지만 근대에 접어들면서부터는 기자조선의 실체를 인정하지 않는 경향이 강해진다.

그 근거로는 먼저 기자가 조선으로 왔다는 시기에 중원과 고조선 사이에는 넓은 지역이 가로놓여 있었다는 점이 제시되었다. 그곳에는 많은 종족들이 거주하고 있었기 때문에 기자가 이런 지역을 지나 고조선까지 건너오기는 쉽지 않았다. 은나라가 망한 뒤 기자가 무왕에게 홍범을 전수했다고 하는데, 그 정도로 쉽게 오갈 수 있는 지역이 아니었다.

더욱이 당시 주나라 영역은 황하 부근에 한정되어 있어, 영향권 밖인 조선 땅에 마음대로 기자를 통치자로 임명할 상황 또한 아니었다. 또 일개 망명객에 불과한 기자가 고조선 지역의 토착 정치 세력을 제압하고 복속시키기 어려웠을 것이라는 점도 근거로 제시되었다.

뿐만 아니라 중국의 진(秦)나라 이전 사료에서는 기자가 조선 땅으로 가서 지배자가 되었다는 기록이 없다. 한(漢)나라가 들어선 이후 복생(伏生)의 『상서대전(尙書大典)』에서 기자가 조선으로 갔다는 사실이 처음 나타날 뿐이다. 그 뒤 여러 문헌에 조선의 순한 풍습이 기자가 팔조금법으로 교화한 결과라느니, 기자 이후 자손이 40여 대에 걸쳐 조선을 다스렸다느니 하는 내용이 나타나기 시작한다. 기자에 대한 이야기가 더해진 흔적이 뚜렷한 것이다.

다른 해석이 가능한 문제이기는 하지만, 기자 무덤이 오늘날 허난성(河南省)과 산둥성(山東省)의 경계 지역인 멍현(蒙縣) 또는 보청(薄城) 또는 구이더부 상추현(歸德府商邱縣) 등지에 있었다는 기록도 근거로 제시되었다. 평양에 있던 기자묘가 후세에 만든 것이고, 기자 때 만들었다고 알려졌던 평양의 건물터가 실제로는 고구려 수도의 도시계획 흔적이라는 것이 밝혀지면서 이런 논리에 힘을 실어주었다.

그 결과 기자동래설은 역사적 사실이 아니라 추정에서 생겨났다는 결론이 나왔다. 고대 중국에서는 요동 고조선 방향이 동쪽에 있는 별자리 중 하나인 기성(箕星)의 방위와 일치한다고 인식했다. 여기서 고조선과 기성이 밀접한 관계가 있다는 인식이 생겨났고, 이 점을 중화의식(中華意識)으로 윤색해 기자를 조선에 봉했다는 설화를 만들어냈다는 것이다.

그런데 최근에는 '기자'의 실체 여부와 상관없이 당시 상황을 복원해보려는 움직임이 일고 있다. 그 논리는 '기자동래설'의 주인공 기자가 한 사람을 의미하는 것이 아니라 어떤 집단이나 종족을 뜻하는 것으로 이해하는 것이다. '기(箕)'를 지역 내지 나라 이름으로 보고 '자(子)'를 작위로 보는 해석은 이미 있었고, 진나라 이전의 문헌에서 실제로 기국(箕國)이 나타난다. 문헌뿐 아니라 상나라·주나라 시대의 청동기와 갑골문에서도 '기후(箕侯)' '기(箕)'라고 새겨진 글자가 나타난다.

이를 통해 동이(東夷) 또는 한(韓)·맥(貊)·예(濊) 등으로 기록된 종족들이 기자 집단을 자칭하며 이동해 왔을 가능성을 인정하는 것이다. 즉 동이족의 한 갈래였던 기자족이 은나라 말기에 제후국이 되었다가, 주나라가 들어서며 압박을 받자 동으로 이동했다는 이야기다.

이러한 논리에 따르면 기자국은 당시 중국 변방에 있던 소국이었을 뿐이다. 이동한 다음에도 고조선 변경에 있었을 뿐, 고조선 사회의 주도적인 세력은 아니었다고 본다. 그러므로 한국사에서 기자조선시대를 설정할 수는 없다는 뜻이 된다. 한편 비슷한 논리로 기자족이 평양까지 이동해 왔다고 주장하는 경우도 있다. 물론 이러한 주장들은 정황으로 추측한 것일 뿐 구체적인 사실을 보여주는 기록은 없다.

기자조선에 대한 평가의 변화

기자의 통치를 받아들이는 태도 역시 시대에 따라 많이
달랐다. 고구려에서 기자에게 제사 지냈다는 기록은 나타나
지만, 그에 대한 숭배가 어떠한 성격을 가지고 있었는지는
알 수 없다. 심지어 고구려에서 섬겼다는 기자가 상나라의
기자인지도 의심스러운 측면이 있다. 고구려에서는 영성신
(靈星神)·일신(日神)·가한신(可汗神) 등과 함께 기자신을 섬
겼을 뿐이다.

신라에서도 기자의 위상이 높았던 것 같지 않다. 신라의
대표 유학자 최치원(崔致遠)은 기자가 조선으로 왔다는 사실
은 인정하지만 거기에 큰 의미를 두지 않았으며, 기자조선이

라는 실체를 인정하지도 않았다.

기자의 위상이 높아지기 시작한 것은 고려시대에 들어서면서부터라고 할 수 있다. 1102년(숙종 7) 평양에 기자사당이 세워졌고, 국가에서 공식적으로 제사를 지냈다. 통치 이념으로서 유교의 비중이 커짐에 따라, 동이족 교화의 기원이 되었다고 할 수 있는 기자의 위상 또한 높아진 것이다.

이와 같이 고려시대 들어 기자에 대한 위상이 높아지면서 이른바 '기자동래설' 역시 사실처럼 여겨져 기자묘까지 만들어졌다. 그러나 이는 기자 개인에 대한 숭배였을 뿐 기자조선의 존재에 비중을 두는 단계는 아니었다. 고려 중기까지는 조선·기자·단군 등에 대해 알고는 있었으나 고조선을 국가적 기원으로 인식하는 관념은 약했던 셈이다.

그런데 고려 후기로 접어들면서 분위기가 조금씩 달라진다. 몽골 침략 이후 쓰인 『삼국유사』와 『제왕운기』에서는 역사의 뿌리로 고조선을 제시한다. 그리고 기자를 단군에서 이어진 고조선의 통치자로 기록한다. 『제왕운기』에서는 고조선을 전조선(前朝鮮)·후조선(後朝鮮)으로 나누고, 단군을 전조선의 시조로, 기자를 후조선의 시조로 인식했다. 주자학이 도입되면서부터는 기자의 위상이 더욱 높아졌다. 1325년(충숙왕 12) 평양에 기자사당이 세워졌고, 1356년(공민왕 5)에는 이를 확대·수리했다.

이성계 일파에 의해 새 왕조 조선이 들어서면서 고조선의 위상은 한층 더 중요해졌다. 이와 함께 기자의 비중도 더 커졌다. 당시 성리학자들은 기자 덕분에 조선이 중국에 못지않게 일찍 개화되었다고 간주했다. 기자가 시·서·예·악 등을 가르쳐 중국의 문물과 삼강오륜(三綱五倫)을 알게 했고, 팔조금법으로 교화해 신의와 예절을 숭상하게 되었다는 것이다. 이는 중화주의(中華主義) 천하관이 저변에 깔린 유교 이념으로 사회를 재편성하고자 하는 의도를 보여준 것이다.

무왕이 기자를 조선의 통치자로 봉했다는 사실 역시 비슷하게 받아들였다. 이를 긍정적으로 받아들여, 일찍부터 문명 개화된 조선의 위상에 자긍심을 갖는 이른바 '소중화의식(小中華意識)' 차원에서 기자의 위상을 높이 쳐준 것이다.

성리학이 조선의 주도 이념으로 자리를 확실하게 잡으면서 정치의 주도권까지 사림(士林)이 잡자 기자의 위상은 더욱 높아졌다. 16세기에 접어들면서 사림 사이에서는 전쟁 없이 이웃 나라와 화목하게 지내며 덕으로 다스렸다는 점이 강조되었다. 그러면서 기자는 지조 있을 뿐 아니라 어질고 현명한 성현(聖賢)으로 떠받들어졌다. 더불어 왕도정치(王道政治)를 구현한 기자조선의 정통성까지 강조되었다.

주자를 무왕이 봉한 것이 아니라 백성들이 추대했다는 해석도 있다. 나름대로 자주성을 강조한 것이라 하겠다. 그와 함께 단군의 위상 또한 강조되었다. 조선 초기 기자사당에 같이 모셔졌던 단군의 사당을 1425년(세종 7) 따로 세웠다. 그러면서 1403년에 편찬된 『동국사략(東國史略)』 이후 고조선의 역사를 단군조선·기자조선·위만조선으로 분류하는 체계가 정립되었다.

그러나 근대에 접어들자 이러한 경향이 달라지기 시작했다. 전근대와 달리 민족과 국가가 강조되고, 중국 문화가 더 이상 국제사회를 주도하는 위상을 가지지 못하는 상황이 된 것이다. 이에 따라 기자가 중국으로부터 와서 고조선 사람들을 개화시키고 지배했다는 점이 민족 자주성을 훼손한다는 인식으로 연결되었다.

이른바 '기자동래설'이라는 것은 주변 민족이나 국가의 기원을 중국 전설상 인물과 연결시켜 해석하는 중화주의 시각에서 나온 것이며, 이를 받아들인 것도 모화의식(慕華意識)이라는 자각이 강해졌다. 그 결과 기자조선의 존재 자체를 인정하지 않는 근거를 찾는 경향이 생겼다. 이전까지의 기자조선 및 고조선 인식에 큰 변화가 생긴 것이다.

고조선의 성장

고조선의 문명이나 통치자에 대해 논란이 많은 것은 그만큼 구체적인 내용을 보여주는 기록이 부족하기 때문이다. 고조선이 세워진 이후의 성장 과정 역시 마찬가지다. 사실 신화 이외에 고조선의 초기 역사를 보여주는 기록은 거의 없다시피 하다.

고조선이 처음으로 등장하는 문헌은 『관자(管子)』다. 춘추시대(春秋時代) 제(齊)나라 사상가이자 정치가인 관중(管仲)이 지었다고 하나, 그 내용으로 보아 후대 사람들이 썼다고 본다. 여기에 실린 내용이라고 해봐야, 춘추시대 제(齊) 환공(桓公)이 물어본 보물에 관해 대답하면서 조선에서 나는 짐승 가죽을 보물로 꼽은 것이 전부다. 또 주변 세력이 조공을 바치지 않으니, 그들의 특산물에 값을 쳐주면 조선 등은 8,000리나 떨어져 있어도 조공을 바치러 올 것이라는 언급이 나올 뿐이다.

이 밖에 『산해경(山海經)』「해내북경(海內北經)」에도 조선이 언급된다. "조선은 열양 동에 있고 바다 북쪽 산의 남쪽에 있다[朝鮮在列陽東 海北山南]"라고 하여 조선의 위치를 기록해놓았다.

이 정도 기록을 통해서는 고조선이 어떻게 성장해왔는지 구체적으로 알기 어렵다. 그렇지만 적어도 고조선이라는 나라가 『관자』나 『산해경』이 지어지기 훨씬 이전에 존재했음은 확인할 수 있다. 또한 『관자』의 내용을 통해 고조선의 짐승 가죽이 특산품으로 유명했고, 이를 기반으로 해서 중원 세력과 활발하게 교류했음을 알 수 있다.

이렇게 문헌에서 존재가 확인되는 시기에 고조선이 어떤 상황이었는지는 논란거리다. 이른바 주류 사학계 대부분은 이때의 고조선이 일정 지역을 기반으로 한 종족 집단이나 지역 집단 수준에 불과했다고 본다. 중국 역사서에 고조선 지역에 "100여 개의 오랑캐가 통합되지 못했다"고 기록되어 있는 것을 액면 그대로 믿는 것이다. 이와 달리 연맹체 단계나 그 이상의 수준에 이르렀다고 보는 견해도 있다. 논란은 있지만, 주변 세력과 체계적으로 교역할 수 있었던 집단이 국가를 이루지 못한 수준이었던 것 같지는 않다.

고조선은 단일 종족이라기보다 예맥(濊貊) 계통의 여러 종족이 뭉치면서 이루어졌을 것으로 본다. 고조선의 도읍지는 정치적 변화에 따라 여러 차례 이동한 것으로 기록되어 있다. 『삼국유사』에는 단군왕검이 처음에는 평양성에 도읍을 정했으나 이후 백악산(白岳山) 아사달(阿斯達)로 옮겨서 1,500년간 나라를 다스렸다고 되어 있다. 이후 주나라 때 기자가 조선 왕에 책봉되자, 단군은 장당경(藏唐京)으로 옮겼다가 뒤에 아사달로 돌아왔다고 한다.

그렇지만 이 기록을 그대로 인정하느냐에 대해서는 논란이 있다. 북한은 평양시에서 단군릉이 발굴되었다며, 고조선의 도읍지가 오늘날의 평양시라고 주장하고 있지만 공인받지는 못하고 있다.

주변 세력과 엮여 국가의 위상을 갖추었음을 확인시켜주는 첫 기록은 『전국책(戰國策)』에 나온다. 기원전 4세기 중반 무렵 전국칠웅(戰國七雄)의 하나인 연(燕)나라와 관련된 내용이다. 중국 전국시대(戰國時代)에 주나라가 쇠퇴하고 각 지역의 제후들이 왕이라 칭하는 틈을 타 "고조선도 이웃 나라 연과 비슷한 시기에 왕을 칭했다"는 것이다. 또 얼마 후 "연을 공격하려다가 대부(大夫) 예(禮)의 만류로 그만두었다"는 기록이 나타난다. 중국 쪽 기록에 "교만하고 잔인하다"고 했는데 그 정도로 당시 고조선이 강력한 국가였음을 암시한다.

그러나 기원전 4세기 말에서 3세기 초 연나라가 세력을 확대하면서 고조선은 위축되기 시작했다. 연나라 장수 진개(秦開)의 침공으로 서쪽 2,000여 리의 땅을 잃었다는 기록은 주목할 만하다. 이 결과 연과 경계는 만번한(滿潘汗)이 되었다. 연이 요동군(遼東郡)을 설치하고 장성을 쌓은 시기가 이때다. 이에 대해 일부에서는 이 내용이 기록된 역사서 『위략(魏略)』이 조작되었으며, 다른 기록을 참조해보면 이때 연이 토벌한 대상은 고조선이 아니라 '동호(東胡)'라고 주장하기도 한다.

기원전 222년 진(秦)이 연을 멸망시켰을 때, 고조선의 부왕(否王)은 진에 복속할 것을 청했다. 그렇지만 직접 조회(朝會)하지는 않았다. 부왕의 뒤를 이어 준왕(準王)이 즉위할 즈음, 진나라에서 내란이 일어나면서 중국 유민들이 고조선으로 피신해 왔다.

이러한 혼란을 수습하고 중원을 통일한 전한(前漢)은 연과 진이 사용했던 장성이 너무 멀어서 지키기 어렵다고 판단했다. 그래서 이를 포기하고 요동의 옛 장성과 요새를 수리하여 고조선과 경계를 패수(浿水)로 재조정하는 정도에 그쳤다. 이런 정책 때문에 한(漢)제국은 고조선에 특별한 압력을

가하지 않았고, 고조선 역시 한동안 중원의 분쟁에 거리를
두었다.

위만, 고조선의 정권을 잡다

    그러나 기원전 195년 중국에서 연왕(燕王) 노관(盧綰)이 한에 반기를 들고 흉노(匈奴)로 망명하는 사건이 일어나자, 고조선도 이 사건의 영향을 크게 받았다. 이 때문에 일어난 분쟁을 피하기 위해 그곳에 살던 많은 사람들이 고조선 지역으로 망명해 왔기 때문이다. 이들 가운데 위만(衛滿)이 있었다. 위만은 연왕 노관의 부하였다.

    그는 고조선으로 피하면서 무리 1,000여 명을 이끌고 동쪽으로 패수(浿水)를 건너 상하장(上下障)이라는 곳에 정착했다 한다. 고조선 변경에 자리 잡은 위만은 준왕의 신임을 얻었다. 준왕은 위만에게 박사(博士)라는 관직을 주고 서쪽

100리 땅을 통치하도록 해주었다. 위만을 이용해 주변에서 고조선을 위협하는 세력을 막으려는 의도였다. 위만에게 변방 수비 임무를 맡긴 셈이다.

그러나 위만은 이 신임을 배신했다. 기원전 194년, 위만은 한나라 군대가 침입해 온다는 구실을 내세워 수도인 왕검성(王儉城)으로 진군해 왔다. 그러고는 자신의 군대를 이용해서 준왕을 몰아내고 고조선의 새로운 왕이 되었다. 이른바 '위만조선(衛滿朝鮮)'이 세워진 것이다.

쫓겨난 준왕은 남쪽의 진국(辰國)으로 피신해서 한왕(韓王)이라고 자칭했다. 준왕의 자손이 끊어진 다음에도 한(韓) 사람들 중에 그에게 제사 지내는 이가 있었다고 한다.

이렇게 정권을 잡은 위만의 출신에 대해서는 논란이 있다. 해방 이전에는 위만이 연나라 출신이기 때문에 고조선이 중국의 식민 지배를 받았다는 주장이 보급되었다. 이에 반해 위만이 연에서 고조선으로 들어올 때 "상투를 틀고 조선 옷을 입었다[魋結蠻夷服]"고 묘사되어 있는 점에 주목하는 학설이 제시되었다. 정권을 잡은 다음 나라 이름을 그대로 조선이라 유지한 것도 위만이 조선 혈통이었기 때문으로 본다. 그러나 최근에는 위만의 출신이 어디이건, 나라 이름과 체제를 그대로 유지했다는 점에서 식민 지배 여부와는 상관없다고 본다.

위만은 연나라 유민 집단과 토착 세력을 함께 지배 체제에 참여시키는 정책을 썼다. 양쪽의 갈등을 줄이고 정치적 안정을 도모한 것이다. 위만은 중국의 철기 문화를 고조선에 널리 보급하는 역할도 했다고 본다. 이를 기반으로 군사력을 강화하고 세력을 키웠다.

아울러 위만은 한(漢) 혜제(惠帝)가 즉위했을 무렵 정치적 타협을 이루었다. 외신(外臣)이 되어 변방 오랑캐들의 침략을 막아주는 동시에 오랑캐 수장들이 한나라와 교류하는 것을 막지 않는다는 조건이었다. 그렇지만 위만 정권의 실제 행보는 달랐다. 한과 타협을 통해 키운 힘을 바탕으로 주변 세력을 흡수해나갔던 것이다. 이 과정에서 진번(眞番)·임둔(臨屯)·옥저(沃沮)·동예(東濊) 같은 곳이 위만 정권에 복속되었다.

고조선과 한의 분쟁

이후 한동안 언급이 없다가 위만의 손자 우거왕(右渠王) 때부터 다시 기록이 나온다. 우거왕 정권은 한의 망명자를 받아들여 세력을 키웠다. 그리고 이를 바탕으로 진번과 진국(辰國)을 비롯한 여러 나라가 한과 직접 교류하는 것을 막았다.

기원전 128년 예맥(穢貊)의 군장 남려(南閭) 등이 우거를 배반하고 28만 명을 이끌고 요동군(遼東郡)에 투항했다. 한나라 무제(武帝)는 이를 틈타 창해군(滄海郡: 또는 蒼海郡)을 설치했다. 무제는 이 지역 지배를 굳히기 위해 팽오(彭吳)라는 상인을 시켜 요동군에서 창해군에 이르는 길을 닦으려 했다.

한 무제는 서남쪽 이민족을 정벌하는 과정에서도 그 지역과 교역하던 상인들을 이용한 적이 있었다. 이들에게서 정보를 얻는 한편, 이들의 힘으로 길을 뚫어 사천(四川)·운남(雲南)·귀주(貴州) 등에 대한 지배력을 강화한 것이다. 창해군 관리에서도 이 방법을 쓰려 했던 셈이다.

그러나 이 공사에는 어려움이 컸다. "팽오가 구멍을 뚫듯 예맥 조선에 창해군을 설치하니 연(燕)과 제(齊) 사이에서 소요가 일어났다"고 전한다. 또한 이 길을 닦는 데 인력과 비용이 지나치게 많이 들었다. 결국 공손홍(公孫弘) 등이 공사 중단을 건의하기에 이르렀다. 무제는 이 건의를 받아들였고, 도로 공사가 중단되면서 지배 기반이 약화되자 기원전 126년 창해군도 폐지되었다. 길이 닦이면서 연·제 지방 주민들이 창해군 지역으로 이주한 것도 창해군을 포기한 한 가지 이유였다고 한다.

창해군은 설치된 지 2년 만에 폐지되었지만 나름대로 암시해주는 측면이 있다. 창해군은 한나라가 한반도 인근 지역에 설치한 최초의 군현(郡縣)이다. 이와 함께 이른바 한사군(漢四郡)이라 불리는 4개의 군현 가운데 마지막까지 존속했던 현도군(玄菟郡)과 깊은 관계가 있다. 현도군은 창해군이 있었던 예(濊) 지역에 설치되었던 것이다. 하지만 다른 한 군현과 마찬가지로 창해군 또한 정확한 위치가 확인되지 않아 다양한 해석이 제기되고 있다.

창해군 문제가 결말나고서도 한나라와 우거왕 정권의 분쟁은 끝나지 않았다. 이때는 한 무제가 주변 세력에 대한 원정을 자주 시행하던 시기였다. 그렇지만 우거왕 정권에 대해서는 한나라 측에서 먼저 타협을 시도했다. 기원전 109년, 사신 섭하(涉何)를 보내 분쟁을 해결하려 한 것이다.

그러나 회담은 순조롭게 진행되지 않았다. 성과 없이 돌아가던 섭하는 귀국하던 길에 심각한 문제를 일으켰다. 국경인 패수에 이르렀을 때, 마부를 시켜 자신을 전송하던 고조선의 비왕(裨王) 장(長)을 살해해버린 것이다. 그런 다음 패수를 건너 요새로 도망친 섭하는 한 황제에게 조선의 장수를 죽였다고 보고했다. 보고를 받은 한나라 측에서는 그가 공을 세웠다며 요동군동부도위(遼東郡東部都尉)로 임명했다.

고조선 측에서는 이 조치에 분개했다. 보복으로 군대를 동원해서 기습, 섭하를 죽여버렸다. 이를 계기로 고조선과 한 사이에 전쟁이 일어났다. 고조선의 반격을 받은 해 가을, 한 측에서는 죄수들을 위주로 편성한 군대로 고조선을 침공했다.

한나라는 누선장군(樓船將軍) 양복(楊僕)으로 하여금 제(齊) 땅에서 동원한 병력으로 발해(渤海) 방면 바다를 건너게 하고, 좌장군(左將軍) 순체(荀彘)에게는 5만의 병력을 주어 요동 방면에서 침공하는 전략을 썼다. 고조선 측은 험한 지형을 이용하여 이 침공에 맞섰다.

고조선의 저항에 한나라 군대는 고전했다. 순체 휘하에서 졸정(卒正)으로 있던 다(多)가 요동 병력을 이끌고 선봉에 섰으나, 고조선 군대와 전투에서 패하고 도망쳐 왔다. 그렇지만 그는 도망친 보람도 없이 이 패전의 책임을 지고 목 잘려 죽는 참형을 당했다.

이와는 별도로 양복이 제 지역에서 동원한 7,000명의 병력을 이끌고 먼저 왕검(王儉)에 이르렀다. 상황을 주시하던 우거왕은 양복이 거느린 병력의 규모가 작다는 사실을 간파하고 성을 나와 반격을 가했다. 이 반격에 양복의 부대는 패배하여 흩어졌다. 패주한 양복은 산속에 숨어 지내면서 흩어진 병력을 모으고 사태를 수습하느라 바빴다. 뒤늦게 도착한 좌장군 순체도 고조선의 패수 서쪽 부대를 공략해봤지만 별다른 전과를 거두지 못했다.

전황이 불리하게 돌아가자 한 무제는 위산(衛山)을 보내 고조선에 화친을 제의하기에 이르렀다. 우거왕도 이 제의를 받아들였다. 말로는 항복하고 싶었지만 한나라 장군들이 속임수를 써서 자신을 살해할까봐 못 했으며 그래서 사신에게 항복한다고 했지만, 실제로는 전투에 이긴 승자의 입장에서 하는 화친이었던 듯하다.

타협이 이루어지자 고조선 측에서는 태자(太子)를 보내 말

5,000필을 바치며 군량미까지 제공하겠다고 했다. 그러나 이 타협은 사소한 일로 깨졌다. 태자를 호위하던 고조선 병사 1만여 명이 패수를 건너려 할 때, 위산이 태자에게 "이미 항복했으니 무기를 버리라"는 요구를 해 왔다. 그러자 태자는 한나라의 사신과 좌장군이 자신을 죽이기 위해 속임수를 쓴다고 의심했고, 결국 고조선 사절단은 패수를 건너지 않고 돌아와버렸다. 위산이 한나라로 돌아가 이 사실을 보고하자, 한 무제는 쓸데없는 요구를 해서 타협을 무산시킨 책임을 물어 그를 처형해버렸다.

고조선의 멸망

　위산을 처형했지만 일단 시작되어버린 고조선과 한나라 간의 불신은 회복되지 않았고, 전쟁은 계속되었다. 재개된 전투에서 한나라 좌장군은 패수 방면에 배치된 고조선 군대를 격파하고 진격하여 왕검성 서북 방면을 포위했다. 누선장군도 이 공세에 합류하여 왕검성 남쪽까지 진격해 자리 잡았다.

　그렇지만 이후 공략은 쉽지 않았다. 몇 달 동안 포위하고 공격했지만 성은 함락되지 않았다. 여기에는 한나라 군대 내부의 문제가 있었다고 한다. 좌장군은 시중(侍中) 출신으로 황제의 총애를 받고 있었고, 연(燕)과 대(代) 지방의 군대까지 관리하는 막강한 권력자였다. 여기에 약간의 전과를 올리면서 좌장군의 부대 병사들은 더욱 사기가 올라 있었다.

이에 비해 제(齊) 지역 병사들을 이끌고 출정한 누선장군은 여러 번 패배를 맛보며 많은 병력을 잃었다. 이 때문에 병사들의 사기가 떨어져 있었고, 지휘관 누선장군 역시 기가 죽어 왕검성을 공략하는 데 적극 나서지 않았다.

좌장군이 맹렬히 성을 공략할 때, 고조선의 고위 대신들은 몰래 누선장군에게 사람을 보내 항복을 논의했다. 그렇지만 협상을 벌이기만 했을 뿐 확실하게 항복하겠다는 결정을 내리지는 않고 있었다. 이 때문에 좌장군 측이 여러 차례 누선장군 측과 공격 시기를 정하려고 했으나, 누선장군은 고조선 측과 타협을 통해 항복을 받으려고 전투에 나서지 않았다. 그러자 좌장군 측 역시 사람을 보내 고조선의 항복을 타진해보았으나, 고조선 측은 좌장군과 협상을 받아들이지 않고 누선장군 쪽하고만 협상을 벌였다.

자연스럽게 좌장군과 누선장군 사이에는 갈등이 생겼고, 결국 서로 반목하게 되었다. 황제 측근이던 좌장군은 기본적으로 주변 세력을 정복하는 데서 강경파였다. 또한 우세한 병력을 가지고 제대로 공략조차 못 해본 채 누선장군에게 공을 양보하고 싶지 않은 심리도 작용하고 있었다.

여러 가지로 누선장군과 갈등은 빚게 된 좌장군은 누선장군이 계속 병력을 잃었음에도 고조선 측과 협상에 집착하고 있으며, 그럼에도 불구하고 고조선이 항복하지 않는 것은 누선장군과 고조선 측이 내통하고 있기 때문이라고 의심을 품었다. 그렇지만 확증이 없는 상태여서 이를 노골적으로 발설하지는 못하고 있었다.

고조선 공략이 지지부진하자 한 무제는 '우거를 달래 타협하려고 위산을 보냈더니, 소신껏 결정하지도 못하고 좌장군과 손발을 맞추지도 못해 일을 그르쳐놓았다. 그래놓고는 두 장군 역시 성을 포위하고도 뜻이 맞지 않아 결판을 내지 못한다'며 불만을 가지게 되었다. 그래서 제남태수(濟南太守)를 지낸 바 있는 공손수(公孫遂)를 파견했다. 현지 사정을 파악하고 상황에 맞게 처리하라는 것이 한 무제의 의도였다.

공손수가 도착하자 좌장군은 그동안 누선장군에 대해 품고 있던 불만을 털어놓았다. 누선장군이 여러 차례 공략 작전에 참여하지 않았다는 점과 그런 상황을 보아 고조선 측과 내통하고 있다는 의혹을 공손수에게 제기한 것이다.

좌장군의 의견에 동의한 공손수는 황제의 권위를 앞세워 전략을 논의하자고 누선장군을 좌장군 진영으로 불렀다. 그러고는 좌장군 휘하의 병력을 동원하여 누선장군을 체포하고 그의 휘하에 있던 병력을 좌장군 휘하로 합쳐버렸다. 그리고 이 사실을 한 무제에게 보고했다.

그런데 이 조치를 보고받은 한 무제는 공손수를 처형해버렸다. 그렇지만 두 부대를 합쳐놓은 조치를 되돌리지는 않았다. 좌장군은 침공 부대 전체 병력을 지휘하게 되자 왕검성에 대한 공략을 강화했다.

그러자 이번에는 고조선 내부에 분열이 생겼다. 이즈음 조선상(朝鮮相) 역계경(歷谿卿)은 강화를 건의했으나 받아들여지지 않자 진국(辰國)으로 가버렸다. 이때 역계경을 따라간 백성이 2,000여 호(戶)에 이르렀다고 한다.

이와는 별개로 조선상(朝鮮相) 노인(路人)과 한음(『사기史記』에는 한음韓陰, 『한서漢書』에는 한도韓陶라고 되어 있다), 이계상(尼谿相) 삼(參), 장군 왕겹(王唊) 등이 한나라의 공세를 우려한 끝에 항복을 모의했다. 이들은 누선장군과 협상을 벌였지만 그는 체포되어버렸고, 한나라 측의 공세가 강화되어 성이 함락될 위기에 처했는데도 왕이 항복하려 하지 않는다며 고조선 진영을 이탈해 항복해버렸다. 이때 조선상 노인은 탈출 중에 죽었다.

이는 기원전 108년 이계상 삼이 자객을 시켜 우거왕을 살해하는 사태로까지 이어졌다. 그렇지만 왕검성이 함락되지는 않았다. 우거왕이 죽은 뒤에도 대신(大臣) 성기(成己)가 성 안의 사람들을 독려하면서 저항했기 때문이다.

그러자 좌장군은 우거왕의 아들 장(長)과 항복한 조선상 노인의 아들 최(最)로 하여금 백성의 인심을 수습하는 한편 성기를 죽이도록 종용했다. 그리하여 기원전 108년 결국 왕검성이 함락되고 말았다. 왕검성을 함락시킨 한나라는 고조선 영역에 낙랑(樂浪)·임둔(臨屯)·현도(玄菟)·진번(眞蕃) 4개의 군(郡)을 설치했다. 이때 설치된 이른바 한사군은 이후 만주와 한반도 지역 고대국가의 발전에 큰 영향을 주었다. 이때 많은 고조선 사람들이 고향을 떠나 남쪽으로 이주했다.

한나라에 항복한 이들은 각각 벼슬을 받았다. 그러나 이후의 길은 서로 달랐다. 이계상 삼은 홰청후(澅淸侯)에 봉해졌으나 기원전 99년 도망친 조선 포로를 숨겨준 사건에 연루되었다. 이 때문에 그는 감옥에 갇혔다가 죽었다. 한음은 적저후(荻苴侯)에 봉해지고 식읍으로 발해 540호를 받았다. 그는 죽을 때까지 19년간 무사히 자리를 지켰지만 그 자리를 물려줄 자식을 얻지 못했다. 왕겹은 평주후(平州侯), 우거왕의 아들 장은 기후(幾侯)에 임명되었다. 노인의 아들 최는 아버지를 잃었다는 점과 고조선 공략 과정에서 세운 공을 인정받아 온양후(溫陽侯)에 봉해졌다.

그런데 정작 고조선을 멸망시킨 한나라 지휘관들은 말로가 좋지 않았다. 좌장군은 공을 탐내서 일을 그르친 죄로 목이 잘려 시장에 걸리는 신세가 되었다. 누선장군도 좌장군을 기다리지 않고 먼저 작전을 벌여 많은 병사들을 잃었다는 죄목에 걸렸다. 원칙적으로 사형을 당해야 했지만 속전(贖錢)을 받고 서인(庶人)으로 신분이 강등되었다.

고조선의 이모저모

고조선 사회에 대해서는 기록이 전하지 않아 자세하게 알수 없다. 그래도 지금 남아 있는 '8조법금'을 통해 사회의 윤곽을 대충이나마 짐작해볼 수 있다. 보통 사유재산제·신분제가 존재했고, 계급 분화가 상당히 진전된 사회였다고 본다.

8조법금은 '범금8조(犯禁八條)'라고도 하며, 『삼국지(三國志)』「위지(魏志)」〈동이전(東夷傳)〉의 기록에 따라 '기자팔조금법'이라고도 한다. 8조 중 3조의 내용만이 『한서(漢書)』「지리지(地理志)」'연조(燕條)'에 전하며 그 내용은 다음과 같다.

① 살인자는 사형에 처한다[相殺, 以當時償殺].

② 남의 신체를 상해한 자는 곡물로 보상한다[相傷, 以穀償].

③ 남의 물건을 도둑질한 자는 소유주의 집에 잡혀 들어가 노예가 됨이 원칙이나, 자속(自贖: 배상)하려는 자는 50만 전을 내놓아야 한다[相盜, 男沒入爲其家奴, 女子爲婢, 欲自贖者人五十萬].

중화주의 시각에서는 이러한 규범이 기자가 문명개화하여 만들어졌다고 본다. 이 덕분에 고조선 사회가 "도둑이 없어 대문을 닫고 살 필요가 없는" 정직하고 건전한 사회가 된 것처럼 서술한다. 그러나 오늘날에는 화폐와 노비, 그리고 사유재산의 존재에 더 주목한다. 이러한 요소가 계급 분화의 모습을 보여주기 때문이다. 조선상과 그 아들 등에 대한 언급을 통해 귀족 신분을 확인할 수 있다. 노비의 존재도 확인되니 고조선의 신분에는 최소한 귀족·평민과 노예가 확인되는 셈이다.

한나라와 전쟁 양상을 통해 고조선의 군사력이 만만치 않았음을 알 수 있다. 이러한 군사력을 유지하는 데는 행정력이 필요했을 것이므로, 그만한 법령 체계가 갖추어져 있었다고 봐야 한다. 고조선의 국가 체제가 어느 정도까지 발전해 있었는지 짐작하게 해주는 요소들이다.

삼한실록

삼한의 기원

삼한(三韓)이라고 하면 보통 마한(馬韓)·진한(辰韓)·변한(弁韓)을 합쳐서 부르는 말이다. 그렇지만 조금 다른 뜻으로 쓰이기도 했다. 이른바 '삼국시대(三國時代)' 후반 즈음에 삼한이 신라·백제·고구려 세 나라를 의미하는 말로도 쓰였던 것이다. 마한·진한·변한이 각기 고구려·백제·신라가 되었다고 인식했기 때문이다. 그 결과 신라의 삼국 통일과 고려의 후삼국 통일을 '일통삼한(一通三韓)'이라 불렀다.

이러한 인식 때문에 이후 고려나 조선을 가리키는 또 다른 용어로 한(韓)이 사용되었다. 대한제국(大韓帝國)과 대한민국(大韓民國)이라는 나라 이름의 기원 역시 바로 그 연장선상에서 나온 것이다. 나라를 대표하는 이름으로만 보아서는 한(韓)이 가장 큰 영향을 주고 있는 셈이다.

이러한 의미를 가진 '한(韓)'의 기원에 대해서는 논란이 있다. 이 이름을 사용하기 시작한 시기와 유래부터가 논란거리다. 한씨(韓氏) 성을 가진 고조선 준왕(準王), '크다, 높다'는 뜻을 가진 알타이어 '한(khan, han)', 간(馯)이라는 종족 이름 등 몇 가지 학설이 대립하고 있다.

이름의 기원뿐 아니라 국가의 기원에 대해서도 논란이 있다. 원 사료라 할 수 있는 『후한서(後漢書)』와 『삼국지』 등에서는 고조선·동예 등에 대해 그랬던 것처럼 삼한의 기원을 기자와 연결시킨다. 기자가 동방으로 와서 풍속을 바로잡았고 위만이 이를 어지럽혔다는 것이다. 그렇지만 이는 상투적인 중화주의 서술에 불과하다.

그보다 설득력 있는 삼한의 기원은 고조선 준왕과 관련된 것이다. 위만에게 쫓겨난 준왕이 "남쪽 진국(辰國)으로 도망가서 한왕(韓王)이라고 칭했다"는 기록이 있기 때문이다. 그래서 고조선 영향 아래에 있는 세력과는 교류하지 않았다고 한다. 준왕이 마한을 공략하여 격파하고 왕이 되었다고도 한다. 그렇게 왕이 된 준왕의 자손이 끊어진 다음, "마한 사람들이 다시 일어나 진왕(辰王)이 되었"음에도 한(韓) 사람들 중에 준왕에게 제사 지내는 이가 있었다고도 했다.

이 밖에 고조선이 멸망하고 난 뒤 그 유산이 이른바 '삼한 (三韓)'으로 이어졌다는 점을 암시하는 사실이 있다. 각종 유물·유적은 물론, 관직·제도 같은 고조선 문화가 삼한으로 이어지는 양상이 보이는 것이다. 이를 통해 본격적으로 삼한이 형성되기 이전에 진국(辰國)이 있었고, 여기에 고조선 유민들이 이동해 오면서 그 영향이 가미된 것이라 정리할 수 있겠다.

그런데 한(韓) 지역에 살던 일부 사람들의 기원에 대해서는 이와 다른 이야기도 있다. 중원의 진(秦)과 한(漢)에서 흘러 들어온 사람들이 제법 많았다는 것을 암시하는 이야기가 있는 것이다.

진한(辰韓) 노인들 중에는 자신들이 진(秦)나라 사람의 후손이라고 말하는 이들이 있었다고 한다. 진에서 착취가 심해지자 한(韓)으로 피해 온 사람들에게 마한(馬韓)이 동쪽 지역을 나누어 주어 한(韓)에서 살게 되었다는 것이다. 그들이 사용하는 말에도 이를 뒷받침하는 요소가 있었다. 나라[國]를 '방(邦)'이라 부르고, 서로를 '도(徒)'라고 부르는 등 중국 진나라 말과 비슷한 것이 많았다. 이런 언어는 연(燕)이나 제(齊) 지역 말과도 달랐다는 것이다. 그래서 진한을 '秦韓'이라고도 썼다.

뿐만 아니라 낙랑과 연결되는 말도 있었다고 한다. 진한 사람들은 낙랑 사람들을 '아잔(阿殘)'이라 불렀다. 『삼국지』 에서는 동방에서 나[我]라는 말을 아(阿)라고 했던 점을 근거로, 아잔(阿殘)은 낙랑 사람 중에서 '남아 있는 사람'이라는 뜻으로 해석했다. 그러나 고구려가 사이가 좋지 않던 백제를 '백잔(百殘)'이라 불렀던 것으로 보아, 낙랑 사람 같은 한인 (漢人)들을 낮추어 부를 때 '아잔'이라는 말을 썼다고 추측하기도 한다.

삼한과 낙랑·대방

삼한은 그 기원에서부터 고조선이나 중원 제국 등과 복잡한 관계를 가지면 성립했다고 할 수 있다. 이러한 경향은 삼한이 성립하고 난 이후의 발전 과정에서도 이어진다. 그 사례가 염사치(廉斯鑡)라는 인물을 통해 나타난다. 한(韓) 지역 사람들이 한(漢)제국과 관련되어 있었다는 점을 설화의 형태로 전하는 기록이다.

그 내용의 개요는 이렇다. 진한(辰韓)에서 우거수(右渠帥)로 있던 염사치(廉斯鑡)가 왕망(王莽)이 집권하고 있던

20~23년, 토지가 기름지고 백성이 잘산다고 들은 낙랑으로 망명하기로 결심했다. 그가 망명을 위해 길을 떠나던 중 밭에서 참새 쫓는 사람을 만났다. 그런데 그가 하는 말이 한(韓) 지역 사람의 말이 아니었다. 그 이유가 궁금해진 염사치는 그에게 사연을 물었다.

그 사람이 대답하기를 "나는 한(漢)나라 출신으로 이름은 호래(戶來)이며, 나와 함께 1,500명이 나무를 하다가 한(韓)의 습격으로 포로가 되어 머리를 깎이고 노예가 된 지 3년이 넘었다"라고 했다. 염사치는 낙랑으로 망명 의사를 밝히며, 호래에게 같이 가자고 했다. 이 제의를 받아들인 호래는 염사치를 따라나섰다.

호래를 데리고 낙랑군 함자현(含資縣)에 이르른 염사치는 낙랑 측에 한(漢)나라 사람들이 납치된 사실을 알렸다. 낙랑 측에서는 염사치를 통역으로 삼아 큰 배를 타고 잠중(岑中)에서 출발해 진한으로 들어갔다. 그리하여 호래를 포함한 한(漢)나라 출신 포로 1,000여 명을 되찾아 갔다. 그렇지만 500명은 이미 죽은 뒤였다.

이때 염사치는 죽은 500명을 문제 삼았다. 그는 진한 측에 500명을 돌려보내지 않으면, 낙랑 측에서 배로 1만 명의 군사를 보내 진한을 토벌할 것이라 위협했다. 그러자 진한 측은 "500명은 이미 죽었으니 배상하겠다"며 진한 사람 1만

5,000명과 모한포(牟韓布) 1만 5,000필을 내놓았다고 한다. 염사치는 이를 받아 낙랑군으로 돌아갔다.

낙랑 측에서는 염사치의 공로를 표창하고 관책(冠幘: 관리가 쓰는 모자)과 집, 농사지을 땅을 내려주었다. 또 이때의 공으로 그의 자손은 후한(後漢) 안제(安帝) 때인 125년까지 부역(賦役)을 면제받았다고 한다.

그런데 『후한서』에는 44년에 염사(廉斯) 사람 소마시(蘇馬諟) 등이 낙랑에 조공을 바쳤다고 되어 있다. 후한 광무제(光武帝)는 소마시를 염사읍군(邑君)으로 책봉해 낙랑군에 소속시키고 철마다 조공을 오도록 했다. 이 이야기와 시기가 상당히 비슷하기 때문에 염사치와 소마시가 같은 인물이거나 밀접한 관계에 있던 인물이라고 보기도 한다.

이와 같은 설화가 액면 그대로 사실인지는 의심스럽지만, 왜곡이 되었더라도 당시 낙랑군이 삼한 출신들을 회유했던 점이 반영된 설화라 보기도 한다. 염사치 또한 사람 이름이 아니라 염사 지방의 치(鑡), 즉 수장의 뜻으로 보는 경우도 있다. 다시 말해 한(韓) 지역의 일부 수장들이 낙랑의 회유에 넘어가 협력한 사실이 이와 같은 설화의 형태로 남았다고 보는 것이다.

이렇게 진한 지역 등이 낙랑의 통제를 받았음을 암시하는 내용이 있지만, 이것이 그리 오래간 것 같지는 않다. 후한

환제(桓帝)·영제(靈帝) 시기가 되자 한(韓)과 예(濊)의 세력이 강해져 한(漢) 군현이 이들을 통제하지 못하는 상황이 되었다. 한제국 자체가 혼란에 휩싸인 시기였기 때문에 일면 당연할 수 있다. 이 때문에 한 군현의 백성이 한(韓)으로 흘러 들어갔다고 한다.

204년, 중원 제국의 통제에서 벗어나 요동 지역을 장악한 공손씨 가문 중, 공손도의 뒤를 이은 공손강(公孫康)은 한(韓)과 예(濊)를 견제하고자 7개 현을 낙랑군에서 분리하여 대방군(帶方郡)을 설치했다. 이와 함께 공손모(公孫模)·장창(張敞) 등을 파견하여 삼한으로 흘러 들어가는 유민(流民)을 막았다. 더 나아가 한과 예를 정벌했다. 이 조치로 한으로 흘러 들어갔던 백성들이 돌아오고 한(韓)과 왜(倭)가 대방에 복속되었다고 한다. 그러나 신빙성이 있는지는 의심스럽다.

237~239년 사이에 위(魏)나라가 공손씨 가문의 공손연(公孫淵)을 정벌하면서 낙랑군과 대방군까지 수습했다. 이때 위나라 명제(明帝)가 대방태수(帶方太守) 유흔(劉昕)과 낙랑태수(樂浪太守) 선우사(鮮于嗣)를 몰래 보내 바다 건너 두 군을 평정했다는 것이다. 이후 한(韓)의 신지(臣智: 삼한 소국들 중 세력이 강성한 나라의 우두머리)들에게 인수(印綬: 관리의 관직이나 작위를 표시하는 것이 인印이고, 수綬는 그 인의 고리에 맨 30센티미터 정도의 끈. 그래서 관직을 의미하는 말로 쓰인다)를 더해주고(벼슬

을 올려주고), 그다음 지위를 가진 자에게는 읍장(邑長) 벼슬을 주며 한 지역 수장들을 회유하려 했다.

그런데 이 과정에서 한(韓)과 위나라 사이에 갈등이 빚어졌다. 부종사(部從事)였던 오림(吳林)의 조치가 발단이었다. 그는 낙랑이 본래 한을 다스렸다는 이유를 내세우며 진한 8국(辰韓八國)을 나누어 낙랑군에 소속시키려고 했다. 중국 역사서인 『삼국지』에는 이때 통역하는 관리가 말을 옮기면서 잘못 설명하는 바람에 한의 신지를 중심으로 한 한인(韓人)들이 모두 격분하여 대방군의 기리영(崎離營)을 공격했다고 전한다.

대방태수 궁준(弓遵)과 낙랑태수 유무(劉茂)가 이들을 진압하기 위해 군대를 동원해 정벌에 나섰다. 충돌 과정에서 궁준은 전사했으나 낙랑·대방이 "마침내 한(韓)을 멸했다"고 한다. 이 사건이 이른바 '기리영 전투'다. 그런데 『삼국사기(三國史記)』「백제본기(百濟本紀)」에는 비슷한 시기에 백제 고이왕(古爾王)이 위나라 유주자사(幽州刺使) 관구검(毌丘儉)의 고구려 정벌을 틈타 낙랑을 침략하여 백성들을 탈취하는 사건을 일으킨 것으로 적혀 있어, 어느 쪽이 더 역사적 진실에 가까우냐를 두고 논란 중이다.

서진(西晉) 무제(武帝) 때인 277년 마한에서 조공 사절을 파견하면서, 이러한 기조가 280·281·286·287·289년에도 이어졌다. 290년에는 당시 서진 동이교위(東夷校尉)였던 하감(何龕)에게 조공 사절을 파견했다. 진한 역시 서진 무제 때인 280·281·286년에 조공 사절을 보냈다고 한다.

삼한의 위치와 발전 단계

한의 위치는 대방의 남쪽이고, 동쪽과 서쪽은 바다, 남쪽은 왜와 붙어 있다고 기록되어 있다. 면적은 "사방 4,000리"였다고 한다.

마한(馬韓)은 54개국으로 이루어져 삼한 중 서쪽을 차지하고 있으며, 북쪽은 낙랑, 남쪽은 왜와 붙어 있다고 되어 있다. 마한 54국의 이름은 다음과 같다.

감해국(感奚國)·감해비리국(監奚卑離國)·건마국(乾馬國)·고랍국(古臘國)·고리국(古離國)·고비리국(古卑離國)·고원국(古爰國)·고탄자국(古誕者國)·고포국(古蒲國)·구로국(狗盧國)·구사오단국(臼斯烏旦國)·구소국(狗素國)·구해국(狗奚國)·내비리국(內卑離國)·노람국(怒藍國)·대석삭국(大石索國)·막로국(莫盧國)·만로국(萬盧國)·모로비리국(牟盧卑離國)·모수국(牟水國)·목지국(目支國)·백제국(伯濟國)·벽비리국(辟卑離國)·불미국(不彌國)·불사분사국(不斯濆邪國)·

불운국(不雲國)·비리국(卑離國)·비미국(卑彌國)·사로국(駟盧國)·상외국(桑外國)·소석삭국(小石索國)·소위건국(素謂乾國)·속로불사국(速盧不斯國)·신분활국(臣濆活國)·신소도국(臣蘇塗國)·신운신국(臣雲新國)·신흔국(臣釁國)·아림국(兒林國)·여래비리국(如來卑離國)·염로국(冉路國)·우휴모탁국(優休牟涿國)·원양국(爰襄國)·원지국(爰池國)·일난국(一難國)·일리국(一離國)·일화국(日華國)·임소반국(臨素半國)·자리모로국(咨離牟盧國)·지반국(支半國)·지침국(支侵國)·첩로국(捷盧國)·초리국(楚離國)·초산도비리국(楚山塗卑離國)·치리국국(致利鞠國)

진한(辰韓)은 6개국에서 12개국으로 늘어나 북쪽이 예맥과 접해 있다고 했다.

변한(弁韓)은 진한의 남쪽으로 역시 12개국으로 이루어져 진한과 함께 24개국이 있으며 왜와 접해 있다고 했다. 변한 중 특히 독로국(瀆盧國)이 왜와 접해 있는 나라였다고 한다. 진한·변한 24국은 다음과 같다.

기저국(己柢國)·부사국(不斯國)·변진미리미동국(弁辰彌離彌凍國)·변진접도국(弁辰接塗國)·근기국(勤耆國)·난미리미동국(難彌離彌凍國)·변진고자미동국(弁辰古資彌凍國)·변진고순시국(弁辰古淳是國)·염해국(冉奚國)·변진반로국(弁辰半路國)·변[진]악노국(弁[辰]樂

奴國)·군미국(軍彌國)[변군미국(弁軍彌國)]·변진미오사마국(弁辰彌
烏邪馬國)·여담국(如湛國)·변진감로국(弁辰甘路國)·호로국(戶路國)
·주선국(州鮮國)[마연국(馬延國)]·변진구사국(弁辰狗邪國)·변진주
조마국(弁辰走漕馬國)·변진안사국(弁辰安邪國)[마연국(馬延國)]·변
진독로국(弁辰瀆盧國)·사로국(斯盧國)·우유국(優由國)

　진한은 풍속은 물론, 사용하는 무기까지 마한과 비슷했다.
진한과 변한은 언어와 풍속이 비슷하지만 귀신 모시는 방법
이 달랐다. 변한에서는 문 서쪽에 부엌신을 모셨다. 변한 사
람들은 체격이 크고 옷은 깨끗하게 입고 다녔으며 머리를
길게 길렀다. 그러면서도 규범은 엄격했다고 한다.

　이렇게 삼한은 모두 78개의 나라로 이루어져 있으며, 옛
날에는 모두 진국(辰國)이었다고 한다. 삼한 중 마한이 가장
강하여 이 종족 중에서 진왕(辰王)이 나왔다. 진왕은 목지국
(目支國: 또는 월지月支)에 도읍을 정하고 삼한 전체의 왕으로
군림했다. 그리고 백제도 삼한 여러 나라 가운데 하나였다고
한다.

　한편 나라마다 장수(長帥: 우두머리)가 있어 세력이 강한 자
는 신지(臣智)라 자칭했고, 그에 버금가면 읍차(邑借)라 했다
한다. 비슷한 내용이지만 변진(弁辰: 변한)에 대해 서술하면서
는 세력이 가장 강한 신지(臣智)부터 험측(險側)·번예(樊濊)·

살해(殺奚)·읍차(邑借)까지 순서대로 적어놓았다. 이들은 중원 제국으로부터 귀의후(歸義侯)·중낭장(中郎將)·도위(都尉)·백장(伯長) 같은 벼슬을 받았다. 신지에게는 간혹 우대하는 의미로 '신운견지보(臣雲遣支報)·안사축지(安邪踧支)·분신이아불례(濆臣離兒不例)·아사진지겸(狗邪秦支廉)'이라는 칭호를 더해주기도 했다.

이 내용은 많은 논란을 불러일으킨다. 문제가 되는 점 한 가지는 마한과 변한의 남쪽에 왜가 접해 있다는 기록이다. 특히 마한이 남쪽 "왜에 가까워 문신한 사람도 있다"는 구절까지 나온다.

이런 내용이 나오면서 마한과 왜 사이에 바다가 있다는 말이 없기 때문에 논란의 여지를 남겨놓았다. 이를 두고 바다에 대한 언급이 생략되어 있다고 보는 견해가 있고, 삼한의 위치가 널리 알려져 있는 것처럼 지금의 한반도 중남부가 아니었다는 증거로 활용되기도 한다.

백제가 삼한 여러 나라 중 하나라는 구절 또한 마찬가지다. 『후한서』와 『삼국지』가 묘사한 3세기 중반까지도 백제가 주변 세력을 통합한 고대국가 체제를 갖추고 있지 못했다는 근거로 활용된다.

또 이러한 문제는 고조선과 삼한의 연결 문제와 관련된다. 뿐만 아니라 삼한의 시작과 발전 단계에 대한 시비로도 이어진다. 준왕의 설화에 사실이 반영되어 있음을 인정한다면, '삼한' 내지 그 기원인 '진국'의 시작을 기원전 3세기 이전으로 봐야 하기 때문이다. 단순히 '진국'이 존재했느냐 아니냐의 문제에서 그치는 것이 아니라, 어느 수준의 체제를 갖추었느냐는 문제까지 걸린다.

일반적으로는 삼한이 기원전 2세기 정도에 시작되었다고 보는 경향이 강하며, 심지어는 그보다 훨씬 늦추어 보는 학설까지 있다. 그 원인은 삼한 역사 복원에서 많은 부분을 『삼국지』「위지」〈동이전〉에 의지하고 있기 때문이다. 여기에는 3세기까지도 삼한에 많은 나라가 난립하여 통합된 왕국으로 발전하지 못한 수준인 것처럼 묘사해놓았다. 『사기』와 『한서』에도 기원전 2세기경까지 삼한 지역에는 '진국(辰國)' 또는 '중국(衆國)'의 존재만 기록되어 있다. 그나마 그중 한 작은 나라가 활동한 기록조차 1세기 초반이나 되어야 나타난다.

삼한은 어느 단계까지 국가조직을 발전시켰을까?

3세기까지 삼한에는 작은 나라들이 난립하고 있었다는 『삼국지』 등 중국 역사서 기록을 중심으로 삼한 역사를 복원하고자 한다면, 준왕을 중심으로 한 고조선 유민들이 삼한의 발전에 그리 큰 영향을 주었다고 볼 수가 없다. 삼한이 중앙 집권적 고대국가를 이루는 단계까지 가지 못하고, 목지국의 왕을 중심으로 연맹체(聯盟體)를 형성하는 수준에 그쳤다고 보는 것은 그러한 맥락이라고 할 수 있다.

『삼국지』 등에서 말하는 삼한의 78개 '국(國)'이 어떠한 개념이냐를 두고는 학설이 엇갈리지만, 최소한 중앙집권 체제를 갖춘 고대국가를 의미하지는 않는다. 마한에서는 큰 나라가 1만여 가(家), 작은 나라가 수천 가 정도여서 마한 50여 국을 모두 합쳐도 10여 만 호(戶)에 불과했다고 한다. 이는 낙랑·대방 등 한 군현의 1개 현 규모였다. 진한과 변한은 그보다 규모가 더 작아 큰 나라가 4,000~5,000가, 작은 나라는 600~700가에 불과했다고 한다.

삼한 자체가 이러한 수준에 불과했다면 그 맹주라 하더라도 위상을 높게 쳐줄 수는 없다. 맹주라고 일컬어졌던 목지국 왕은 '진왕'이라 불렸고, 그 세력이 진한과 변한에까지 영향을 미쳤다고 한다. 그렇지만 연맹체 단계에서 영향이라는 것은 '통제'가 아닌 '주도' 정도에 불과한 것이다.

문제는 이와 같은 상태가 어느 시기의 것이었느냐는 점이다. 학계에서는 진수(陳壽)가 『삼국지』를 편찬할 당시인 3세기 중후반까지 이러한 상황에서 벗어나지 못했다고 보는 학설과, 『삼국지』에는 3세기 훨씬 이전 상황이 적혀 있을 뿐이라고 보는 학설이 대립하고 있다.

이 시비는 단순히 삼한의 시작과 발전 단계 문제로만 그치지 않는다. 백제·신라 같은 고대국가의 시작과 발전 단계 문제와 직접 연결되는 것이다. 일부의 주장대로 『후한서』와 『삼국지』의 내용을 믿는다면 『삼국사기』에 기록된 백제나 신라라는 고대국가가 들어설 틈이 없다. 즉 백제와 신라의 초기 역사가 조작되었다는 뜻이 되는 것이다.

이에 반해 『삼국사기』의 내용을 믿는다면 『삼국지』에 기록된 삼한의 역사는 대부분 기원전의 상황이고, 예수가 탄생했을 즈음에 고구려·백제·신라 같은 나라들이 세워졌다고 봐야 한다. 즉 중국 정사를 믿느냐 『삼국사기』를 믿느냐에 따라 삼한과 그 뒤를 이은 한국계 고대국가의 발전 단계가 완전히 달라지는 셈이다.

삼한의 기원에 대한 시비 역시 양상은 비슷하다. 『삼국지』와 『후한서』에서 암시하는 것처럼 '진국(辰國)'을 기원으로 보더라도, 그 진국이 어떤 존재였는지 구체적으로 보여주는 기록은 없다. 작은 나라들이 모여 있었다는 의미의 '중국(衆國)' 상태였다고 보는 것이 일반적이지만, 진국과 중국의 실체에 대해서는 논란이 있다. 사실 70여 개의 집단이 한꺼번에 생겼다고 하기는 곤란하다.

현재로서는 『삼국지』가 삼한에 관해 기록한 가장 오래된 문헌이기 때문에 여기에 의지하는 것에 불가피한 측면이 없지 않다. 그러나 그만큼 『삼국지』 내용에 미심쩍은 점도 많다는 것을 감안해야 한다. 이는 삼한의 상황을 묘사한 부분에서 불거진다.

가장 문제가 되는 부분은 "사람들이 산과 바다에 흩어져 살았으며 성곽(城郭)이 없다"고 한 내용이다. 또 각국의 도읍에 주수(主帥: 통치자)가 있음에도, 이들이 "읍락(邑落)에 섞여 살기 때문에 제대로 다스리지 못했다"는 구절이 보인다. 보통은 이 부분만을 강조하여 『삼국지』와 『후한서』 등이 제작된 3세기 중반까지도 삼한은 성곽도 없고 통치자와 백성의 구분도 없을 정도로 발전이 늦은 집단으로 간주하는 경향이 있다.

그렇지만 몇 줄 뒤에 "나라 안에 무슨 일이 있거나 관가(官家)에서 성곽을 쌓게 되면 용감하고 건장한 젊은이는 모두 등가죽을 뚫고 굵은 밧줄로 거기에 한 장(丈)쯤 되는 나무 막대를 매단다. 그리고 하루 종일 소리를 지르며 일을 하는데 이를 아프게 여기지 않는다. 이렇게 작업하기를 권하며 이를 강한 것으로 여긴다"는 기록이 나온다. 이 내용은 한(韓) 사람들의 작업 방식이 중국 사람들 눈에 신기하게 비쳤기 때문에 적었겠지만, 앞부분과 상반되는 내용인 것이다.

특히 "관가에서 성곽을 쌓게 되면"이라는 표현이 주목된다. 이 구절대로라면 당시 삼한에서는 관청이 사람들을 동원해 성곽을 쌓았다는 뜻이 된다. 그렇다면 사람을 동원할 관청, 즉 강력한 행정력이 있었다는 이야기다. 또한 실제로 성곽을 쌓았다는 뜻이다. 그런데 막상 앞에서는 성곽 자체가 존재하지 않는다고 했으니 모순이 생기는 것이다.

또한 같은 『삼국지』에서 진한을 따로 언급한 곳을 보면 "그곳에는 성책(成柵)이 있다"고 적어놓았다. 대한민국 고대사 전문가라는 사람들 상당수는 이를 모순이라고 생각하지 않는 경향이 있다. 앞의 성곽과 뒤에 나오는 성곽이 다르다는 식이다. 특히 '성책'이라는 표현을 두고, 삼한의 관청에서 쌓은 것은 성곽이 아니라 목책 수준이었다는 쪽으로 몰아가곤 한다. 그렇지만 이런 견해는 별 근거 없는 추측일 뿐 아니라, 목책이 성곽을 보강하는 기능을 주로 했다는 점까지 무시하는 것이다.

그렇기 때문에 『삼국사기』는 납득이 가지 않는 이유를 붙여 못 믿는 방향으로 몰아가는 반면, 『삼국지』는 무슨 이유를 갖다 붙여서라도 비호하려 한다는 비난이 일고 있다.

연맹체가 만들어진 시점에 대해서는 몇백 년까지 차이가 나는 논란이 있다. 하지만 작은 나라로 이루어진 삼한 사회가 곧 일정한 맹주국을 주축으로 연맹체를 만드는 단계로 나아갔던 것만은 분명하다. 연맹체 결속은 시기와 지역에 따라 차이가 있다. 그렇지만 각 소국들이 독자성을 유지하면서, 맹주국으로부터 일정한 정치적·경제적 통제를 받았던 체제였다는 점에서는 일반적으로 동의한다.

삼한의 신앙을 통해 본 변화

삼한에서는 매년 5월에 씨뿌리기를 마치면 귀신에게 제사를 지냈다. 이때는 밤낮을 가리지 않고 사람들이 모여 노래하고 춤을 추고 놀았다. 이들의 춤은 수십 명이 모두 일어나서 뒤를 따라가며 땅을 밟으며 장단을 맞추는 식이었다. 이 가락과 율동이 중국의 탁무(鐸舞: 목탁을 가지고 추는 춤)와 비슷했다. 10월 추수를 끝내고 나서도 같은 행사를 치렀다.

그래서 한(韓) 사람들의 풍속이 노래하고 춤추며 술 마시고 비파 뜯기를 좋아했다고 기록되어 있다. 진한의 비파는 모양이 축(筑: 거문고 비슷한 악기)과 닮았다. 이를 통해 변한·진한에 비파와 비슷한 현악기가 있었고, 이것이 훗날 가야금으로 발전했다고 추정하기도 한다.

또 국읍마다 하늘의 신에게 지내는 제사를 맡아보는 사람이 있었다. 이들을 '천군(天君)'이라고 불렀다. 천군이 지배하는 곳으로 "큰 나무를 세우고 방울과 북을 매달아놓고 귀신을 섬기는" '소도(蘇塗)'가 있었다.

『삼국지』에는 이곳에 대해 소개하면서 "죄인이라도 여기에 들어가면 잡아가지 못했다"며 "그래서 도적질하는 것을 좋아하게 되었다"고 해놓았다. 이를 만든 뜻은 부도(浮屠: 승려의 사리나 유골을 안치한 묘탑墓塔)와 같지만, 이런 조치를 취한 결과는 달랐다는 말까지 더해놓았다. 은근히 미개한 오랑캐를 비웃는 투로 기록되어 있음을 알 수 있다.

그렇지만 이 내용에는 삼한 사회를 미개한 사회로 여겼던 중국 측 시각과는 다른, 의미심장한 현상을 보여준다는 의미가 담겨 있다. 기록에 나타난 묘사로 보아 소도가 신을 모시는 지역이었음을 알 수 있다. 즉 신성하다고 설정된 지역이기 때문에 죄인이 들어가도 잡아가지 못하게 한 것이다.

이 자체만 보면 소도는 종교에 대한 속세 권력의 존중과 배려라고 할 수 있다. 하지만 제정일치 사회나 종교 지도자가 정치 지도자보다 우위에 있는 사회에서는 굳이 '성지(聖地)'라는 곳이 필요 없다. 이 사실을 뒤집어보면, 소도 이외의 지역에서는 천군이라 하더라도 속세의 규칙을 따라야 한다는 뜻이 된다.

이를 통해 이른바 '제정분리(祭政分離)' 현상을 엿볼 수 있다. 삼한 사회에서는 '천군'이 제사를 맡고, 통치는 '신지'나 '읍차' 등이 한 것으로 되어 있다. 이렇게 종교와 현실 정치가 분리되는 현상은 통치자가 더 이상 하늘의 뜻을 내세우는 것만으로 통치하기 어려운 상황을 반영한다. 인도에서 정복 국가 시대에 불교가 나온 것이 우연이 아니듯이, 주변 세력과 경쟁이 치열해지는 상황에서 종교적 권위에 의지하는 정치가 한계를 보이며 나타난 현상이라 할 수 있다. 즉 샤머니즘적 권위에 의지하는 통치에서 합리성이 강조되는 통치로 변화하고 있었던 것이다.

한(韓)과 별개의 존재지만, 『삼국지』와 『후한서』 등에서 삼한과 함께 언급하고 있는 것이 '주호국(州胡國)'이다. "마한의 서쪽 바다 섬에 있다"고 되어 있는 이 주호국은 언어나 풍속이 한(韓) 사람들과 많이 달랐다고 한다. 이곳 사람들은 대체로 키가 작고 머리는 선비족(鮮卑族)처럼 삭발하고 다녔다. 또 소와 돼지 기르기를 좋아했다. 가죽으로 옷을 해 입었지만 웃옷만 입고 다녀 벌거벗은 것과 다름이 없었다고 한다.

이들은 배를 타고 왕래하며 한(韓)과 교역을 했다. 일반적으로는 주호국을 탁라(乇羅)나 탐라(耽羅)와 연결시켜 지금의 제주도로 여긴다. 오늘날 제주시 산지항(山地港)에서 발견된 한대(漢代) 화폐인 오수전(五銖錢)이나 화천(貨泉)으로 보아, 주호국은 한(韓)뿐만 아니라 중국이나 왜와도 교역을 하여 국제 교역을 활성화하는 역할을 했다고 본다.

삼한의 이모저모

『삼국지』 등에는 삼한의 정치 상황과 함께 풍속과 문화에 대해서도 적어놓았다. 이에 대한 묘사를 참고하면 삼한의 발전이 늦었던 것처럼 묘사한 배경을 짐작할 수 있을 듯하다.

중국 역사서에서 삼한은 순박하지만 세련되지 못한 것으로 묘사된다. 땅을 파서 "마치 무덤 같은" 움집을 만들었는데, 초가지붕에 출입문은 윗부분에 만들었으며 방은 땅을 파고 들어간 구조로, 온 가족이 한 집에서 살았다. 물론 중국 역사서 기록과 달리 삼한의 산지(山地)에서는 귀틀집 유적이 발견되기도 한다.

또한 무릎 꿇고 절하거나, 어른과 아이·남녀를 구별하는 예의가 없다고 되어 있다. 중국 군현에 가까운 북쪽 나라들은 그런대로 예의가 있지만, 멀리 떨어진 지역은 "죄수와 노비가 모여 사는 곳 같다"고 했다. 이런 내용을 액면 그대로 받아들이면 삼한은 중원 문화에 비해 '야만적'이라고 느끼게 된다.

한(韓) 사람들이 의책(衣幘: 옷과 모자)을 좋아했다는 내용도 나타난다. 신분이 낮은 하호(下戶)들까지 중국 군현에 갈 때는 모두 의책을 입었다고 한다. 이런 풍조 때문에 자기가 받은 인수를 차고 의책을 입는 자가 1,000여 명에 달했다고 적혀 있다. 그만큼 삼한에서 중원 문화를 동경하는 풍조가 강력하게 자리 잡고 있었다는 점을 강조하는 셈이다.

중국 역사서에서 삼한의 정치 발전 상황은 형편없는 수준이었던 것처럼 묘사되지만, 농사와 양잠·길쌈 등의 산업은 일찍부터 발달했다고 나온다. 땅이 기름져서 오곡(五穀)이 잘 자랐다고 한다. 특히 평야가 많은 삼한 지역에는 벼농사가 일찍부터 시작되었고, 수리 시설인 저수지도 많이 만들어진 듯하다. 김제(金堤) 벽골제(碧骨堤)·밀양(密陽) 수산제(守山堤)·제천(堤川) 의림지(義林池) 등이 이때의 저수지다.

목축은 물론이고, 해안 지대에서는 어업이 성행했다. 특히 변한에서는 철이 많이 났고 널리 쓰였다. 그래서 철이 돈처럼 사용되었으며 예·마한·낙랑·왜 등에서까지 사 갔다고 한다.

변한의 철이 강조된 이유를 중원의 정책 변화에서 찾기도 한다. 전한(前漢) 말에 일시적으로 철 전매제도(專賣制度)를 폐지한 적이 있으며, 후한(後漢)으로 접어들면서는 철기(鐵器)를 민간에서 제작하는 추세가 강해졌다고 한다. 이는 철 제조 기술이 확산되는 계기가 되었다. 그 결과 한(韓) 사회에도 철기와 그 제작 방법이 점차 보급되면서 생산이 증가했고, 철을 매개로 교역이 활발하게 전개되었다는 것이다. 이처럼 삼한에 철기 문명을 바탕으로 하는 독자적인 중심 세

력이 형성되면서 각각 백제·신라·가야로 발전해나갔다고
본다.

일본에서는 5세기까지 철을 생산하지 못했다. 이 사실을
감안하면 삼한의 기술 수준이 일본에 비해 훨씬 발달했음은
물론이고, 중원에 비해서도 크게 떨어졌다고 하기는 어려울
듯하다. 그런 지역이 정말 정치적·문화적으로 그렇게 낙후
했을지는 의문이다.

삼한의 사회 풍조 또한 야만적이었던 것 같지는 않다. 사
람들은 용맹했지만, 변한·진한에서는 "길거리에 다니는 사
람들은 서로 길을 양보할" 정도로 순박했다 한다. 또 다투거
나 전쟁을 한 뒤에도 서로 굴복한 상대를 존중할 줄 아는 풍
조였다. 이 내용대로라면 삼한은 자기 이익만 내세우며 서로
배려하고 존중할 줄 모르는 문화가 아니었던 셈이다. 정치가
사회풍조의 반영이라는 점을 감안할 때, 이러한 풍조가 정치
에 반영되지 않았다면 오히려 이상한 일이라 할 수 있다.

한편 "한(韓)에 사는 동식물은 중국과 비슷했다"고 하니
자연환경은 중국과 별 차이가 없었다고 할 수 있다. 단지 배
만큼 큰 밤이 났으며 꼬리 길이가 5척(尺)에 이르는 닭이 있
었다는 정도의 차이만 강조될 뿐이다. 또 별다른 보배는 없
는 지역이라 적혀 있다. 그래서인지 금·보화·비단·모직물
등을 귀하게 여기지 않았다 한다. 구슬만은 귀하게 여겨서

옷 장식이나 목걸이·귀걸이로 썼다. 실제로 그러한 유물이 당시 삼한 지역에서 많이 출토된다.

또 삼한 사람들은 대체로 상투를 틀고 사는데, 그 상투가 꼭 "병기(兵器) 같았다"고 한다. 거기에 베로 만든 도포를 입고 가죽신을 신고 다녔다. 변진 지역에서는 머리를 납작하게 하려고 어린아이의 머리를 돌로 눌러놓는 편두(褊頭) 풍속이 있었다. 문신(文身)과 함께 남방 문화의 영향으로 해석한다.

소와 말을 탈 줄 몰라서 모두 장사 지내는 데 썼다고도 한다. 이 내용은 가축을 순장(殉葬)했다는 의미로 해석한다. 그렇지만 "소나 말을 타고 다니고, 혼인은 예의에 맞게 하며, 길거리에 다니는 사람들은 서로 길을 양보한다"고 상반되는 내용 또한 적어놓았다.

변진에서는 큰 새의 깃털을 같이 묻어주었다. 죽은 자가 이를 이용해 날아올라 승천하는 것으로 믿었기 때문이라 한다. 장례에 관(棺)은 썼으나 곽(槨)이 없다고 했다. 이는 토광목관묘(土壙木棺墓) 형태를 의미하는 것으로 본다.

부여실록

부여의 영역과 기원

중국 역사서 『후한서』와 『삼국지』에 "부여(夫餘)는 남으로는 고구려, 동쪽으로 읍루(挹婁), 서쪽으로는 선비(鮮卑)와 접해 있었다"고 되어 있다. 현도(玄菟)의 북쪽 1,000리쯤에 있고, 부여의 북쪽에는 약수(弱水)가 있다고 한다.

부여의 서쪽 국경은 시기에 따라 차이가 있었다. 기원전 3세기 말부터 기원전 1세기까지는 부여 서쪽에 오환(烏丸)이 있었다. 오환은 기원전 3세기 말~기원전 2세기 초에 흉노(匈奴)에 복속당했다. 그래도 오환 자체가 없어졌다는 인식은 없어서, 기원전 1세기까지도 부여 서쪽에 오환이 있다는 인식은 유지되고 있었던 듯하다.

그러다 기원전 1세기에 선비 세력이 성장하기 시작했다. 후한(後漢)이 들어서서 기원전 1세기 말부터 2세기 초까지 흉노를 정벌하며 세력을 약화시키는 바람에 선비족 세력이 급속히 성장한 것이다. 그 결과 선비족이 흉노의 세력권을 차지하게 되었다. 그러면서 흉노에 복속되었던 오환의 영역까지 선비의 영토로 인식되면서 "부여의 서쪽에 선비가 있었다"는 식으로 기록이 남았다.

같은 중국 역사서지만 『후한서』와 『삼국지』에 비해 훨씬 나중에 쓰인 『진서(晉書)』에는 "부여 남쪽에 선비가 있다"고 되어 있다. 부여가 모용씨(慕容氏)의 압박으로 옮겨 간 사실과 연관이 있을 가능성이 제기된다.

부여 북쪽에 있었다는 약수(弱水)에 대해서는 논란이 있다. 그런데 기록을 종합해보면 약수가 부여뿐 아니라 숙신(肅愼) 북쪽까지 통과하면서 흐르는 강이었다는 것을 알 수 있다. 부여와 숙신의 북쪽을 흐르는 큰 강이라면 아무르강(Amur: 헤이룽강黑龍江)뿐이다. 이로 보아 부여는 지금의 만주 일대 중 아무르강의 지류인 쑹화강을 중심으로 한 지역을 차지하고 있었던 것으로 여겨진다.

여러 정황을 고려해보면, 3세기 무렵 부여의 영역은 사방 2,000리에 달했던 것으로 추정된다. 부여국 중심지인 부여성(夫餘城)의 위치에 대해서는 논란이 있어 아직 확실하게 언급하기는 곤란하다.

중국 정사에는 부여의 영토가 원래 예(濊)의 땅이라고 기록되어 있다. 이는 부여의 계통을 밝히는 데 중요한 단서가 된다. 이와 필적할 만한 것이 부여 시조가 동명(東明)이라고 한 기록이다. 고구려 시조신화인 주몽신화(朱蒙神話)는 부여 시조신화인 동명신화와 줄거리가 비슷하다. 이것이 암시하는 바는 크다. 부여가 예(濊)의 자산을 이어받았으며, 고구려·백제와 같은 계통이라는 뜻이기 때문이다. 한국 고대국가의 계보를 밝히는 데서 중요한 실마리다.

부여 역시 나라가 시작된 시기가 확실하지 않아 약간 논란이 있다. 기원전 1세기 상황을 기록한 중국 문헌에 등장한다는 점에서 그전부터 존재했음은 분명하다. 부여의 기원에 관한 이야기는 두 가지 정도가 있다. 중국 역사서인 『논형(論衡)』과 『위략(魏略)』에서는 시조 동명이 북쪽 탁리국(橐離國)으로부터 옮겨 와 나라를 세웠다 했다. 이에 비해 『삼국지』 「위지」 〈동이전〉에는 당시 부여인 스스로가 옛적에 다른 곳에서 옮겨 온 사람들의 후예라 여겼다고 되어 있다.

부여 시조신화에서도 설움을 받던 동명이 자신을 따르는 무리를 이끌고 탈출하여 나라를 세웠다고 했다. 이러한 내용으로 보아 어느 시기였건 부여를 세운 집단이 옮겨 왔음은 알 수 있다. 다만 구체적인 시기나 과정을 확인할 수는 없다.

이를 감안하여 학계에서는 부여 건국을 기원전 2세기경으로 보는 경우가 있다. 그러나 중국 전국시대 연(燕)이 멸망한 기원전 222년 이전에 연과 부여가 국경을 맞대고 있었다고 한 기록이 존재한다. 이는 부여가 기원전 222년 무렵에 이미 중국 역사서에 연과 함께 등장할 정도의 위상을 차지하고 있었음을 암시한다.

부여의 시작과 고구려

부여 시조는 동명이라고 되어 있지만 동명은 신화에 등장하는 인물이다. 따라서 이것만으로 부여의 실제 역사를 복원하기는 곤란하다. 그래서 동명 이후의 상황 발전과 그 후계자를 주목하게 된다.

그런데 동명의 후계자는 역사서에 따라 다르다. 『삼국유사』에는 해모수(解慕漱)가 기원전 59년 북부여(北扶餘)를 세웠으며, 해부루가 그의 아들이라고 되어 있다. 또 해부루의 아버지인 해모수가 하백(河伯)의 딸 유화(柳花)와 통정하여 주몽을 낳았다고 한다. 이 관계를 전제로 보면 해부루와 주몽은 형제간이 되는 셈이다.

하지만 해모수 역시『삼국사기』『삼국유사』속 설화에만 나오는 인물이다. 고구려인들이 직접 왕실 계보를 밝혀놓은 광개토왕릉비에는, 시조 주몽이 하늘의 아들[天帝之子]이자 하백의 외손이라고만 해놓았을 뿐 해모수에 대한 언급은 없다. 당대 고구려인들이 직접 새긴 광개토왕릉비 내용으로 볼 때 해모수가 실존 인물인지는 의심스럽다.

이와 관련되어 혼선을 일으키는 내용이 졸본부여(卒本夫餘)의 존재다.『삼국사기』에는 주몽이 부여를 탈출하여 정착한 곳이 졸본부여라고 했다. 이러한 점을 고려하여 졸본부여를 고구려의 전신(前身)이거나 고구려의 별칭으로 보기도 한다. 주몽이 고구려를 세운 기원전 37년 이전에도 많은 문헌에서 고구려가 등장하는데 바로 이 졸본부여를 가리킬 가능성이 있다. 그리고 이를 통해 고구려가 부여계 국가임을 확인할 수 있다고 본다.

이와 함께 부여 역사에 중요한 단서가 되는 것이 이른바 '북부여'다.『삼국사기』에는 부여의 첫 번째 왕이 해부루로 나온다. 해부루에게 재상 아란불(阿蘭弗)이 "일전에 하느님이 제게 내려와 '장차 내 자손으로 하여금 이곳에 나라를 세우게 할 것이니 너희는 피하거라. 동쪽 바닷가에 가섭원(迦葉原)이라는 땅이 있는데, 토양이 비옥하여 오곡이 잘 자라니 도읍할 만하다'고 했습니다"라고 했다. 그의 말을 따라 수도를 옮겨 간 것이 '동부여(東扶餘)'의 시작이다. 해부루가 옮겨가기 전에 자리 잡고 있던 곳은 해모수가 차지했다고 쓰여있다. 이곳을 '북부여'라고 일컫는 것이다.

부여의 존재는 이처럼 주로 설화 속에서 등장하곤 했다. 그러던 부여가 1세기를 전후해서는 주변 세력과 엮이는 구체적인 사건과 관련되어 나타난다. 기원전 6년 정월, 설화 속에서 주몽과 갈등을 빚었던 대소(帶素: 부여 금와왕金蛙王의 맏아들)가 등장하는 것이다.

당시 부여 왕이던 대소는 고구려에 사신을 보내 볼모를 요구했다. 고구려 측에서 태자 도절(都切)을 볼모로 보내려 했으나 도절은 가지 않았다. 대소는 이에 분개하여 11월에 5만 명의 군사를 동원해서 고구려를 침공했다. 이 침공은 큰 눈 때문에 많은 병사들이 얼어 죽는 바람에 실패로 돌아갔다.

그렇지만 고구려와 분쟁은 여기서 끝나지 않았다. 9년 8월, 대소왕은 다시 고구려에 사신을 보냈다. 대소왕은 사신을 통해 "우리 선대(先代)에는 사이가 좋았는데, 너희 선조인 동명왕이 우리 신하들을 꾀어내어 도망쳐 나라를 세우려고 했다. 작은 나라가 큰 나라를 섬기는 것이 예(禮)이며 순리다. 지금 왕이 만약 예와 순리로써 나를 섬기면 하늘이 도와서 나라의 운수가 보존될 것이나, 그렇지 않으면 사직을 보존하기 어려울 것이다"라는 취지를 전했다.

고구려에 사실상 굴욕을 강요하는 요구였다. 당시 부여에 비해 열세라고 느꼈던 고구려 유리왕(瑠璃王)은 대소왕의 요구를 들어주고 훗날을 기약하려 하지만, 이때 어린 왕자 무휼(無恤)이 나섰다. 무휼은 부여 사신에게 "부여 측에서 먼저 해치려고 해서 할아버지가 도망 나온 것인데, 자기 잘못은 생각하지 않고 군사력을 앞세워 우리나라를 경멸한다"며 "지금 여기에 알들이 쌓여 있는데, 부여 대왕이 만약 그 알들을 허물지 않는다면 왕을 섬길 것이고, 그렇지 않으면 섬기지 않을 것이다"라고 했다. 부여 자체부터 잘 다스리라고 꼬집은 것이다.

이 사건이 있은 다음 해 여름, 모천(矛川) 가에서 검은 개구리가 붉은 개구리와 무리 지어 싸웠는데 검은 개구리가 이기지 못하고 죽은 일이 있었다. 이를 두고 "검은색은 북방 색이니 북부여가 파멸할 징조"라는 해석이 나왔다. 이후 13년 11월에 부여가 고구려를 침공했지만 고구려 왕자 무휼의 매복 작전에 걸려들어 낭패를 보았다.

무휼이 대무신왕으로 즉위한 다음에도 부여에 불길한 상황이 이어졌다. 부여에서 머리 하나에 몸이 둘인 붉은 까마귀가 잡혔다. 이 까마귀를 대소왕에게 바쳤을 때, 누군가가 대소왕에게 그 뜻을 이렇게 풀어주었다. "까마귀는 [본래] 검은 것입니다. 지금 변해서 붉은색이 되었고 또 머리 하나에 몸이 둘이니, 두 나라를 아우를 징조입니다. 왕께서 고구려를 겸하여 차지할 것입니다." 이 말을 들은 대소왕은 기뻐하면서 그 까마귀를 고구려로 보냈다.

그런데 까마귀를 받은 대무신왕이 신하들과 논의하는 자리에서 다른 해석이 나왔다. "검은 것은 북방의 색인데 지금 변해서 남방의 색이 되었습니다. 또 붉은 까마귀는 상서로운 물건인데 [부여] 왕이 얻어서는 가지지 않고 우리에게 보내었으니 양국의 존망은 아직 알 수 없습니다"라는 것이다. 이 말을 들은 대소는 "놀라고 후회했다"고 되어 있다. 부여에 불길한 징조가 있었다는 점을 암시하려는 설화로 보인다.

결국 22년 2월, 부여는 고구려 대무신왕의 침공을 받았다. 대무신왕은 진흙탕 습지가 있는 부여의 남쪽 방면으로 공략해 왔다. 그러면서 평지를 골라 군영을 만들고 안장을 풀어 병졸을 쉬게 했다. 부여 측은 이를 기회로 보고 기습을 하고자 병력을 서둘러 진격시켰다. 하지만 오히려 자기들이 진창에 빠져 빼도 박도 못하는 상황에 처했다. 이를 틈타 고구려의 괴유(怪由)가 나서서 부여군 진영을 무너뜨리고 대소왕을 붙잡아 머리를 베었다고 한다.

대소왕의 전사에도 불구하고 부여군은 곧바로 반격에 나섰다. 이 반격으로 고구려군은 포위를 당했다. 보급이 끊어져 굶주림에 시달리던 고구려군은, 하늘에 빌어 나타난 큰 안개 덕분에 빠져 나올 수 있었다고 한다. 이렇게 해서 고구려의 침공은 격퇴했지만 정작 결정적인 위기는 이다음에 왔다.

부여의 쇠퇴

대무신왕의 침공을 격퇴한 다음, 부여에서는 금와왕의 막내아들이라고 되어 있는 대소왕의 동생이 부여에서 갈라져 나왔다. 그는 갈사수(曷思水) 가에 이르러 나라를 세웠다. 사냥 나온 해두국(海頭國) 왕을 죽이고 그곳을 차지하면서 갈사국(曷思國) 왕이 된 것이다. 부여 왕의 사촌 동생은 이 사태를 부여의 망조로 보고, 1만여 명의 백성을 이끌고 고구려에 투항해버렸다. 대소왕의 전사 이후 부여의 분열이 심각했다는 뜻이다.

고구려와 분쟁은 이후의 기록에서 일단 사라진다. 77년 10월에 부여 사신이 고구려에 가서 뿔이 셋 달린 사슴과 꼬리가 긴 토끼를 바쳤다. 105년 정월에도 부여의 사신이 고구려에 길이가 한 길 두 자에 털 색깔이 매우 밝고 꼬리가 없는 호랑이를 바쳤다.

부여는 고구려에 비해 중원 제국과는 평화롭게 지냈다.

중국 정사에는 부여에 대해 "근엄·후덕하여 다른 나라를 침략하지 않는다"고 쓰여 있다. 이러한 언급에서 보듯 국가 대 국가 단위로 부여와 처음 관계를 맺은 후한(後漢) 때부터 서로 우호적이었다. 후한 광무제 시절인 49년, 부여에서 후한에 공물을 바치자 광무제가 후하게 보답을 해주었다고 한다. 이후 부여와 후한의 교류는 해마다 계속되었다.

이렇게 우호적으로 시작된 부여와 후한의 관계는 111년 위기를 맞았다. 이때 "부여 왕이 처음으로 보병과 기병 7,000~8,000명을 거느리고 낙랑을 노략질하여 관리와 백성을 죽였"던 것이다. 그러나 곧바로 "그 뒤에 다시 귀부(歸附)했다"고 한다. 이처럼 두 나라 관계는 곧 회복되었으며, 이런 사실을 중원 제국의 입장에서 부여에 대해 변명조로 기록해 주고 있는 것이다.

120년에는 부여 왕자 위구태(尉仇台)가 조공을 바치러 후한을 방문했다고 한다. 후한 안제(安帝)는 이에 화답하여 인수(印綬)와 금색 비단 등을 선사했다. 이 교류의 효과는 바로 다음 해에 나타났다. 121년 고구려 태조왕(太祖王)은 마한과 예맥의 병사를 동원하여 후한의 현도군(玄菟郡)을 포위했다. 그러자 위구태는 2만 명의 병사를 거느리고 후한군을 지원하여 고구려군을 격퇴시켰다.

그런데 이런 사태가 벌어지기 두 달 전인 10월에 고구려

왕이 "부여로 행차하여 태후묘(太后廟)에 제사 지내고, 가난한 백성들을 위문하고 물건을 차등 있게 내려 주었다"는 기록이 나온다. 두 달 후에 분쟁을 벌일 나라의 왕이 취한 행동으로는 이채롭다. 다음 해인 122년에도 고구려가 요동을 침공했을 때 부여 측에서 군대를 보내 고구려군을 격파했다.

위구태는 136년 부여 왕으로 즉위한 후 직접 후한을 방문하는 성의를 보였다. 후한에서는 그에게 황문고취(黃門鼓吹: 중국 한나라 때 천자天子가 군신群臣을 위해 베푸는 잔치 때 연주되었던 음악의 일종)와 각저희(角抵戲: 두 사람이 맞붙어 힘을 겨루며 활쏘기·말타기 등의 기예를 겨루는 놀이)를 보여주면서 극진하게 대접해주었다.

이렇게 부여 왕이 직접 후한을 방문한 것은 고구려를 견제하기 위해 부여와 후한이 협력을 추구한 결과로 본다. 중국 역사서가 부여에 대해 우호적으로 서술하고 있는 것은 이러한 흐름과 무관하지 않을 것이다.

그런데 위구태와 관련해서 기록에 심각한 혼선이 있다. 『삼국지』에는 위구태가 2세기 말 요동에서 독자 세력권을 형성했던 공손도(公孫度) 일족의 여자와 혼인한 것으로 나온다. 120년 왕자 신분으로 후한에 갔던 위구태가 이때까지 살아 늙은 나이에 공손씨 가문의 여자와 혼인했다고 보기에는 무리가 따른다. 그렇기 때문에 120년 후한을 방문한 위구태와 공손씨 여자와 혼인한 위구태는 별개의 인물이라고 본다. 심지어 2세기 초의 부여 왕자 이름은 구태(仇台)였고, 2세기 말의 인물은 이 구태와 가까웠다는 뜻에서 위구태라고 불렀다는 설도 있다.

『후한서』에는 161년에도 부여가 조공 사절을 보내 공물을 바쳤다고 한다. 그런데 167년에는 "부여 왕 부태(夫台)가 2만 명의 병력으로 현도를 노략질했다"는 기록이 나타난다. 이 싸움에서 부여군은 현도태수 공손역(公孫域)의 반격을 받아 1,000여 명의 전사자를 내며 패배했다. 이전까지 우호적인 흐름과 다른 내용이다.

그래서 이 부분에 대해서도 약간의 논란이 있다. 일부는 액면 그대로 부여와 후한의 관계가 갑작스럽게 악화된 결과로 본다. 그래서 후한 본토와 직접 무역을 시도하는 과정에서 현도성과 마찰이 생겨 선비족과 고구려의 묵인 아래 현도성을 공격했다는 식의 해석이 나온다. 이를 두고 일부에서는 위구태와 공손씨 가문이 혼인한 사실을 들어, 부여가 요동의 공손씨와 교섭한 사실이 이런 식으로 기록되었다고 해석하기도 한다.

그러나 『후한서』에 얼마 뒤인 174년, 부여가 "다시 표장(表章)을 올리고 공물을 바쳤다"는 내용이 나온다. 여기에 부여가 "원래 현도 소속이었으나, 헌제(獻帝) 때 요동 소속으로 바꿔달라고 요청했다"는 내용이 나타난다. 이러한 점으로 보아 부여가 현도군과 뭔가 문제가 생겨 충돌을 빚은 후 후한 조정과 수습에 들어간 것으로 봐야 할 듯하다. 후한 측에서도 부여와 현도군의 충돌을 크게 문제 삼지 않은 뉘앙스로 기록했다.

부여가 강했던 시절 동쪽에 접해 있는 읍루를 복속시켜 공납을 징수했다. 그러던 중 220년대 초 읍루가 과도한 공물 징수에 반발하며 떨어져 나가자, 부여는 몇 번의 정벌로 제압하려 했다. 그러나 험난한 지형과 읍루의 완강한 저항으로 말미암아 실패로 돌아갔다.

2세기 말 위구태가 죽은 뒤 그의 아들 간위거(簡位居)가 왕위를 이었다. 간위거의 어머니가 위구태와 혼인했다는 공손씨 집안의 여자인지는 확인되지 않는다. 한편 간위거에게는 적자(嫡子)가 없고 서자(庶子)인 마여(麻余)뿐이었다. 그래도 간위거가 죽은 다음 유력한 가문들이 마여를 추대해서 무리 없이 계승이 이루어졌다고 한다. 마여가 사망한 후에는 6살짜리 아들인 의려(依慮)가 왕위를 이어받았다.

『삼국지』에는 이때 위거(位居)라는 인물이 있었다는 사실을 기록하고 있다. 위거는 우가(牛加)의 형(兄) 벼슬에 있던 사람의 아들이었는데, 대사(大使) 자리에 올라 남에게 베풀기를 좋아했다. 이 때문에 나라 사람들이 그를 따랐다고 한다. 그리고 해마다 위(魏)나라에 사신을 보내 공물을 바쳤다고 기록했다.

한편 위거는 자신의 작은아버지가 역심을 품자 작은아버지는 물론 그 아들인 사촌까지 죽였다는 일화가 나온다. 위거는 이들의 재산을 몰수하여 관가에서 처리하도록 했다 한다.

이 당시 부여와 중원 제국의 협력 관계는 긴밀했다. 위나라 유주자사(幽州刺史) 관구검(毌丘儉)이 고구려를 침공할 때, 위나라 측에서는 현도태수 왕기(王頎)를 부여에 파견했다. 고구려 정벌에 부여의 협력을 얻으려는 의도였다. 부여의 위거는 왕기를 맞아들이고 군량을 제공했다.

부여의 소멸

이렇게 3세기 중반까지 국제사회에서 위상을 유지하고 있던 부여는 3세기 후반에 접어들면서 위기를 맞았다. 이때 즈음 주변 정세는 급격하게 변화하고 있었다. 한(漢)제국 시기에 주변 이민족을 정복하며 중원 문화를 침투시킨 결과, 이민족 중에서 중원 내부로 이주하여 사는 사람이 늘어났다. 또 위(魏)·진(晉) 시대에 이르면서 기반이 취약했던 이민족들은 여러 가지로 압박을 받아 노비 등으로 전락하는 사람이 많아졌다. 여기에 중원 제국의 황실에서는 흉노족과 선비족 등 주변 민족들을 용병처럼 이용하는 경향이 있었다.

이러한 상황 때문에 3세기 후반부터 북방 이민족들이 중원 내부로 대거 진입하다가 진(晉)나라 말기의 혼란을 틈타 화북(華北) 각지에 자신들의 세력 기반을 마련했다. 이 와중에 진나라 황실의 혈육 싸움인 이른바 '팔왕(八王)의 난'이 일어났고, 이에 이민족 세력이 정권 투쟁에 적극 개입하게 되었다. 그러면서 독자 세력을 형성하여 나라를 세우는 단계로까지 나아갔다.

이와 같은 중원의 정세 변화가 부여에 영향을 미쳤다. 부여는 평야 지대가 많아 외세 침략에 취약했고, 여러 종족이 자리 잡은 중간지대에 있어 주변 정세의 변화에 영향을 크게 받았다. 남쪽의 고구려에 압박을 받는 상황에서 선비족 모용씨(慕容氏)는 부여에 큰 위협이 되었다. 결국 285년 모용외(慕容廆)가 이끄는 선비족에게 침략을 받아 수도가 함락되고 1만여 명이 포로로 잡혀 가는 사태가 일어났다. 당시 부여 왕 의려는 이런 사태를 막지 못하고 자살해버렸다. 살아남은 왕족들은 옥저로 피신하여 화를 면했다.

우호적으로 지내던 부여가 선비족의 침략을 받자, 당시 중원을 지배하던 서진(西晉)의 무제(武帝)는 대책을 강구했다. 서진으로서는 선비족과 고구려 등 주변 이민족의 위협을 막는 데 부여가 필요하다고 여긴 듯하다. 서진 측에서는 선비족의 침략에 기민하게 대응하여 부여를 보호하지 못한 이유를, 동이교위(東夷校尉) 자리에 있었던 선우영(鮮于嬰)이 구원에 나서지 않았기 때문이라고 보았다.

그래서 선우영을 해임시키고 그 자리에 하감(何龕)을 임명했다. 그러자 다음 해 의려의 뒤를 이어 부여 왕이 된 의라(衣羅)가 서진에 지원을 요청했다. 남은 무리를 이끌고 돌아가 나라를 회복하도록 도와달라는 것이었다.

서진의 하감은 부하 가침(賈沈)에게 군사를 이끌고 가 돌아가는 의라를 도와주도록 했다. 모용외 군대가 매복하여 돌아가는 부여 사람들을 습격했으나 가침이 이끄는 서진 군대에 격퇴되었다. 이를 계기로 모용외는 철수했고 의라는 사태를 수습할 수 있었다. 그렇지만 모용외는 그 뒤에도 계속해서 부여를 침략했고 부여 사람들을 잡아다가 중국에 팔아먹었다. 서진 황제는 중국으로 팔려 온 부여인들을 사들여 부여로 되돌려 보내주었다. 그리고 부여인에 대한 매매를 금지시켰다.

이 사건을 통해 동부여에 대한 해석이 엇갈리기도 한다. 이때 옥저로 피난했던 부여인들 중 일부는 본국으로 돌아갔으나 일부는 그대로 계속 머물러 살았다. 이를 계기로 부여가 있던 원래 위치를 북부여라고 하고, 옥저 지역에 남은 집단이 동부여를 이루게 되었다는 해석이 나온다.

이렇게 해석하면 북부여 왕인 해부루가 도읍을 옮기면서 동부여가 성립했다는 기록과 상반되는 셈이다. 그럴 경우 광개토왕이 410년에 침공했다는 동부여와 해부루 왕 때 도읍지를 옮기면서 성립했다는 동부여가 같은 존재냐 아니냐는 문제까지 엮인다. 이에 대해서는 아직 논란이 있다.

모용외의 침공 이후 한동안 부여에 관한 기록은 나타나지 않는다. 그러던 346년, 전연(前燕)을 세운 모용황(慕容皝)이 세자인 모용준(慕容儁)과 모용각(慕容恪)을 시켜 부여를 침공했다. 이 침공의 결과 모용씨 군대는 부여의 현왕(玄王)과 백성 5만 명을 포로로 잡았다. 이들을 전연으로 끌고 온 모용황은 부여 사람들을 회유하기 위해 현왕을 사위로 삼고 진동장군(鎭東將軍)의 작위(爵位)를 내려주었다.

당시 서진이 혼란을 겪으며 쇠약해지는 상황이었기 때문에 부여는 모용외 침공 때와 달리 서진의 지원을 받을 수 없었다. 여기에 고구려의 압박까지 받자 부여는 더 이상 세력을 유지할 수 없었다. 그러자 부여는 고구려에 의지하여 명맥을 유지하려 했다. 그 결과 부여에 고구려 군대가 주둔하게 되며, 부여는 실질적으로 고구려의 통제 아래 들어갔다.

이렇게 명맥을 유지하던 동부여는 410년 광개토왕에게 정벌당하며 병합되었다. 그 이후에도 존속하던 북부여는

457년 북위에 조공을 하며 한 차례 국제 무대에 얼굴을 내밀었다. 그러나 이는 일시적인 시도에 불과했고, 고구려의 지배에서 벗어나 독자적인 세력을 회복할 수 없었다. 결국 494년 왕실이 고구려에 투항하고 난 이후 부여의 존재는 나타나지 않는다. 이후 부여를 탈출한 일부 유민들이 두막루(豆莫婁)를 세웠다고 전한다.

부여의 이모저모

부여가 예(濊)의 후예였다는 점을 암시하는 또 한 가지 사실은 '예왕지인(濊王之印)'의 존재다. 부여의 창고에는 대대로 전해 오는 보물들이 있었다. 이 중 벽(璧: 둥글고 아름다운 옥玉)·규(珪: 圭의 옛 글자. 고대 중국 의례용 옥기瑞玉의 일종으로, 좌우대칭인 길쭉한 판板 모양의 연옥軟玉 제품)·찬(瓚: 옥으로 만든 잔) 같은 옥으로 만든 물건들을 가리켜, 부여의 노인들은 "선대(先代) 왕들이 내려준 것이다"라고 말했다 한다.

『삼국지』에서는 이렇게 내려오는 도장에 "예왕지인"이라는 글귀가 있고 부여에 예성(濊城)이 있다는 점에서, 부여가 원래 예맥의 땅이었다고 보았다. 이곳에서 왕이 되었으므로 자신들을 "망명해 온 사람"이라고 여겼다는 것이다.

대대로 전하는 보물 중 상당수가 옥(玉) 제품일 만큼 부여에서는 옥을 선호했던 것 같다. 한(漢)제국 시기에는 부여 왕의 장례에 옥갑(玉匣)을 썼다고 한다. 그렇기 때문에 한나라 조정에서는 미리 옥갑을 현도군에 갖다놓았다가 부여 왕이 죽으면 부여에서 가져다 쓰도록 해주었다. 그러다 보니 위(魏)나라가 공손연(公孫淵)을 정벌하여 죽였을 때 현도군의 창고에는 옥갑 한 벌이 그대로 남아 있었다고 한다.

『삼국지』에는 이런 기록과 함께 "나라가 매우 부강하여 일찍이 적에게 파괴된 일이 없다"고 했다. 그렇지만 실제 역사가 그렇다고 보기는 곤란하다. 『삼국지』가 쓰인 3세기 중반경 부여는 고구려와 분쟁에서 여러 차례 패배하며 이미 세력이 많이 위축되어 있던 상황이었다. 그럼에도 불구하고 이런 표현이 나온다는 점에서 『삼국지』의 문제점을 엿볼 수 있다.

부여는 수도를 중심으로 해서 전국을 크게 네 구역으로 나누었다. 그리고 이를 사출도(四出道) 또는 사가도(四街道)라 불렀다. 원래 이는 수도에서 사방으로 통하는 네 갈래의 길을 의미했다. 성을 쌓기 위해 목책을 둥글게 만들었는데, 이것이 마치 감옥처럼 보였다. 성에는 궁실(宮室)과 창고·감옥 같은 시설들을 갖추었다.

관직의 이름은 가축의 이름을 따서 지었다. 마가(馬加)·우가(牛加)·저가(猪加)·구가(狗加)·견사(犬使)·견사자(犬使者)·사자(使者) 등의 관직이 이에 해당한다. 고구려에서도 사용된 가(加)는 우두머리로서 읍락을 통치했다.

그런데 사출도는 단순히 길을 의미하는 말로만 쓰이지 않았다. 길로 나뉜 지역이 행정구역의 구실을 했다. 여러 가(加)들이 이렇게 만들어진 사출도를 각각 다스렸는데, 큰 것은 주민 수가 수천 가(家), 작은 것은 수백 가(家)였다. 읍락에는 호민(豪民)과 노복(奴僕)처럼 여긴 하호(下戶)가 있었다. 전체 호수(戶數)는 8만에 달했다.

부여의 옛 풍속에서는 가뭄이나 수해를 입어 흉년이 들면 왕에게 책임을 물어 "바꾸거나 죽여야 한다"는 여론이 일었다 한다. 부여 왕 마여가 이러한 풍속에 따라 죽었다고 보고, 왕권에 한계가 있었다는 주장이 나오기도 했다. 그렇지만 공손도가 부여 왕실에 일족 딸을 시집보냈다는 점을 보면 부여 왕의 위상이 그렇게 형편없었을지 의구심이 든다. 사실 『삼국지』 등에는 왕을 죽이거나 쫓아낸다는 부여의 옛 풍속을 소개한 바로 뒤에 "마여가 죽고 6살짜리 아들 의려가 왕위를 이어받았다"고 되어 있을 뿐, 마여가 흉년에 책임을 지고 살해당했다고는 하지 않았다. 따라서 "부여의 옛 풍속"이 부여 역사 속에서 왕의 위상 전체를 보여준다고 보기는 무리일 수 있다.

전쟁이 일어나면 하늘에 제사 지내고, 소를 잡은 다음 그 발굽으로 점을 쳤다. 발굽이 갈라지면 나쁜 징조, 붙으면 좋은 징조로 여겼다. 그리고 여러 가(加)들은 직접 전투를 치르고, 하호(下戶)들은 식량을 공급하는 역할을 했다.

그렇지만 이는 부여에서 "집집마다 갑옷과 무기를 갖추고 있었다"고 한 구절 해석에 고민을 안겨준다. 하호들이 식량을 운반하는 역할 정도에서 그쳤다면 이들이 집에 갑옷과 무기를 갖추고 있을 필요가 없다. 따라서 가(加) 계층 정도가 되어야 갑옷과 무기를 갖추고 있었다는 뜻인지, 아니면 이 구절 자체를 신뢰할 수 없는지 고민할 필요가 생긴다.

『후한서』『삼국지』 등에는 부여가 "동이 지역 중에서 가장 평탄하고 넓은 곳으로 토질은 오곡이 자라기에 알맞다"는 내용이 나온다. 다만 오과(五果)로 대표되는 과실은 나지 않았다고 한다. 곡식이 풍부하게 생산되는 이런 안정된 경제 기반을 갖추고 있었기에 부여는 중원 제국과 갈등을 빚지 않았던 것 같다.

부여에서는 가축 또한 잘 길렀다. 부여 특산품으로는 좋은 말과 붉은 옥[赤玉]·담비와 살쾡이 모피가 있었다. 또 큰 구슬의 크기는 대추[酸棗]만 했다고 한다. 음식을 먹고 마시는 데는 조두(俎頭)라는 고급 그릇을 사용했다.

모임에서는 술잔에 절하고 술잔을 씻는[拜爵洗爵] 예절이 있었고, 출입할 때는 두 손을 맞잡아[拱手: 왼손을 오른손 위에 놓고 두 손을 마주 잡는 것] 얼굴 앞으로 들어 올리고 허리를 앞으로 공손히 구부렸다가 몸을 펴면서 손을 내리며 겸손한 뜻을 표시하는[揖讓] 예절이 있었다.

음력 12월[臘月:『삼국지』에는 은력殷曆 정월이라고 되어 있다]에는 하늘에 제사 지내며 매일같이 먹고 마시고 노래하며 춤추는 축제를 열었다. 이를 '영고(迎鼓)'라고 불렀다. 이때 죄인을 처벌하고 감옥에 가두는 일[刑獄]을 중단했고, 일부 죄인들은 풀어주었다. 음력 12월은 사냥철이 시작되는 시기라는 점에서 수렵 사회의 전통을 보여주는 것이라고 해석하기도 한다.

부여 사람들은 체격이 크고 성품이 용맹했다고 한다. 그런 사람들이 밤낮을 가리지 않고 길에 다녔으며, 노래하기를 좋아하여 하루 종일 노랫소리가 그치지 않았다고 한다.

부여 사회의 규범은 매우 엄격했다. 사형당한 사람의 가족은 노비로 삼았다. 도둑질을 하면 물건 값의 12배를 배상하게 했다. 남녀가 간음을 하면 모두 죽였다. 투기하는 여자에 대한 처벌이 특히 가혹했다. 그런 여자는 죽인 다음 시체를 산 위에 가져다가 내버렸다. 여자의 친정에서 시체를 거두어 가려면 소와 말을 바쳐야 했다. 이렇게 투기를 심하게 처벌한 원인을 일부다처제(一夫多妻制) 풍습이 있었기 때문이라고 해석하기도 한다.

또한 형이 죽으면 동생이 형수를 아내로 삼는 풍습이 있었다. 이는 흉노의 풍속과 같다는 설명이 붙어 있다. 실은 고구려에도 비슷한 풍습이 있었다.

부여에서는 삼한과 반대로 장례를 치를 때 곽(槨)은 썼으나 관(棺)은 사용하지 않았다고도 하고, 삼한과 같았다고도 하여 상반된 기록이 나온다. 둘 중 하나가 잘못 기록한 것인지, 시간이 지나면서 달라진 것인지에 대해서는 논란이 있다.

장례를 후하게 치르는 풍조였으며, 여름에 사람이 죽으면 얼음을 넣어 장사를 지냈다. 5달 동안 초상을 치르는 것이 보통이었으며 오래 할수록 정성을 기울인다고 여겼다. 그래서 상주(喪主)는 초상을 빨리 끝내려 하지 않고 주변 사람들이 빨리 끝내도록 권하며 실랑이를 벌이는 것이 관례였다고 한다.

죽은 사람에게 지내는 제사 음식은 날것과 익은 것을 같이 썼다. 초상을 치를 때는 남녀 모두 하얀 옷을 입었다. 특히 부인은 베로 만든 옷을 입었고 장신구는 모두 떼었다. 이렇게 상복을 입는 예절은 중국과 비슷했다고 적어놓았다. 그리고 유력자가 죽으면 다른 사람들을 죽여 같이 묻는 '순장(殉葬)' 풍습이 있었다. 많을 때는 100명가량이나 되었다고 한다.

부여 사람들은 나라 안에서는 흰옷을 좋아했다고 한다. 하얀 베로 만든 소매 달린 도포와 바지를 입고 가죽신을 신었다. 그렇지만 나라 밖에 나갈 때는 비단옷·수놓은 옷·모직옷을 즐겨 입었다. 통역하는 사람들이 이야기를 전할 때는 꿇어앉아서 손으로 땅을 짚고 가만히 이야기했다고 한다. 지체 높은 사람[大人]은 여우·살쾡이·원숭이·담비 가죽으로 만든 갖옷을 입고 금·은으로 장식한 모자를 썼다. 또는 금은 장식을 허리에 둘렀다고 한다.

옥저실록

『후한서』『삼국지』 등에 옥저(沃沮)는 "고구려 개마대산(蓋馬大山)의 동쪽으로 큰 바다[大海]에 접해 있다"고 되어 있다. 오늘날 그 위치는 함경남도 해안 지대에서 두만강 유역 일대에 걸친 지역이라고 보는 것이 보통이다. 역사서에는 이렇게 존재했던 옥저를 동옥저(東沃沮)라고 기록해놓았다.

옥저는 원래 고조선의 제후국으로 요서 지역의 대릉하 유역에 있었으나, 위만조선의 멸망 이후 한나라가 이 지역에 현도군을 설치하자 이를 피해 동쪽으로 탈출한 집단이라는 주장도 있다. 이때 이동하여 지금의 함경도 지역에 정착한 것이 동옥저이며, 그렇기 때문에 옥저와 동옥저는 구별되어

야 한다는 것이다.

옥저 북쪽에는 부여와 읍루, 남쪽에는 예맥이 있었다고 한다. 지형은 동쪽이 바다로 막혀 있으며 동서는 좁고 남북은 긴 형태다. 길이가 1,000리에 이르렀으나 면적은 사방 1,000리의 반 정도였다고 기록되어 있다.

큰 나라들 사이에 끼어 있던 옥저는 계속 그 나라들의 통제를 받았다. 위만조선이 세워졌을 때는 고조선에 복속되었다. 고조선이 한나라에 의해 멸망당하고 한 군현이 설치되는 과정에서는 현도군의 일부가 되었다. 현도군 동쪽 부분이 옥저 지역이었다.

기원전 82년에 실시된 4개 군의 통폐합에도 불구하고 토착 세력[夷貊]의 저항으로 군현을 유지하기 어려워지자, 한나라는 기원전 75년에 현도군을 고구려 서북쪽인 요동으로 옮겨버렸다. 이에 따라 옥저 지역은 동예와 함께 낙랑군 동부도위(東部都尉)로 소속이 바뀌었다. 낙랑군은 옥저 지역에 있던 불내성(不耐城)을 중심으로 7개 현을 설치하여 고조선의 옛 땅을 통치했다.

후한 광무제 때인 30년에 변경의 군(郡)을 줄이면서 동부도위도 폐지되었다. 한나라는 후속 조치로 그 지역 유력자를 골라 현을 통치하는 제후[縣侯]로 삼았다. 이와 더불어 옥저 지역은 한의 통제에서 벗어났다.

이들은 서로 분쟁을 벌였으나 불내예후(不耐濊侯)만이 제후국으로서 위치를 계속 유지했다 한다. 불내예후는 공조(功曹)·주부(注簿) 등의 관료들을 두었는데, 여기에는 예인(濊人)들이 임명되었다. 옥저 각 읍락의 지배자 거수(渠帥)는 스스로를 삼로(三老)라 일컬었다. 삼로는 한나라 현(縣)이었을 때 제도에 존재한 자리였다.

이렇게 혼란을 겪던 옥저 지역은 56년경 고구려의 세력권으로 들어갔다. 고구려는 옥저를 복속시킨 다음 지역 유력자[大人]를 뽑아 고구려 벼슬인 사자(使者)로 삼아 각 읍락의 지배자인 거수와 함께 통치하게 하는 정책을 썼다. 그리고 중앙에서 대가(大加)를 파견하여 공납 징수 문제를 관리하게 했다.

고구려에서는 옥저의 맥포(貊布)·생선·소금 및 해초류 같은 해산물을 1,000리가 넘는 거리를 져 나르게 하여 공물로 거두어 갔다. 여기에 미녀도 바치게 해 종이나 첩으로 삼았다. 이러한 처우 때문에 중국 역사서에는 고구려가 옥저 사람들을 노비처럼 대우했다고 기록해놓았다. 이러한 수탈이 옥저 사회의 성장과 발전을 억제하는 요인이 되었다는 해석도 있다.

관구검이 침공했을 때 고구려 동천왕(東川王)이 피신한 곳이 옥저였다. 관구검이 동천왕을 추격하는 과정에서 옥저의 읍락이 파괴되고 3,000명이 넘는 전사자와 포로가 나왔다. 그런데 이 사건을 언급하면서 북옥저(北沃沮)와 남옥저(南沃沮)가 등장한다. 관구검의 추격에 옥저가 피해를 입자 동천왕이 북옥저로 피신했다는 것이다. 이로 보아서는 옥저와 북옥저가 다른 지역을 뜻한다고 할 수 있다. 그래서 함흥 일대 집단을 '동옥저(東沃沮)', 두만강 지역 집단을 '북옥저(北沃沮)'라 보기도 한다.

북옥저는 치구루(置溝婁)라고도 불렸고 남옥저와 800여 리 떨어져 있다고 했다. 이 기록으로 남옥저의 존재 또한 암시된다. 거리는 떨어져 있었지만 북옥저와 남옥저의 풍속은 서로 비슷했다고 한다.

285년 선비족 모용씨의 침공으로 왕이 자살하는 등 타격을 입은 부여가 피신한 곳 역시 옥저였다. 이때의 옥저가 북옥저이자 동부여라 보는 주장이 있다. 광개토왕 때 동부여를 복속시킨 뒤 고구려는 그곳에 책성(柵城)을 설치했다. '구루'가 고구려 말로 성(城)을 의미하기 때문에 어원으로 볼 때 북옥저의 별명인 치구루와 통하는 말이다.

옥저인은 성품이 강직하고 용맹하며 창을 잘 다루어 보전(步戰)에 능했다고 한다. "소와 말이 적어"라는 구절이 있는데, 이것이 보병에 집중한 원인이라는 분석도 있다. 그럼에도 불구하고 북옥저는 북쪽에 붙어 있는 읍루의 침략에 시달렸다. 읍루가 배를 타고 내려와 노략질했기 때문에, 북옥저 사람들은 여름철이면 깊은 산의 동굴로 가서 살다가 겨울이 되어 강물이 얼어붙으면 촌락에 내려와 살았다고 한다.

『후한서』와 『삼국지』에 따르면 동옥저의 규모는 5,000여 호(戶)였다고 한다. 전체를 통치하는 왕 없이 여러 읍락으로 나뉘어 있었다. 각 읍락마다 대를 이어 우두머리[長帥]가 다스렸다.

옥저는 땅이 기름져 농사짓기 좋은 땅이었다. 바다를 끼고 있어 해산물 또한 풍부했다. 언어는 고구려와 약간의 차이만 있을 뿐 거의 같았다. 음식·의복·가옥·예절 등도 고구려와 비슷했다.

혼인 풍속만 조금 차이가 있었다. 고구려에는 혼인을 하고 나면 신랑이 신부 집에서 지내며 일을 해주었다. 그리고 첫 아이가 태어나면 신부를 데리고 자기 집으로 돌아갔다. 이를 이른바 '데릴사위제'라고 한다. 이에 비해 옥저에서는 어린 여자를 데려다 살림을 익히다가 나이가 차면 다시 친정으로 돌아갔다. 이때 신랑 측에서 돈을 지불해야 신부가 돌아와 완전한 혼인이 성립했다. 이를 '민며느리제'라고 부른다. 고구려에서는 노동력을 제공한 반면 옥저에서는 금전을 내놓는 차이가 있을 뿐, 신부를 맞이하기 위해 대가를 치른다는 측면에서는 같다.

옥저에서는 사람이 죽으면 시체에 풀이나 흙 등을 덮어 임시로 가매장했다가 시체가 썩은 뒤 뼈만 추려 목곽(木槨)에 넣었다. 목곽은 길이가 10여 장(丈)이며, 한쪽에 입구를 만들어 뼈를 넣을 수 있게 했다. 한집안 사람은 같은 목곽을 사용했다. 이때 '한집안[家]'의 범위는 분명하지 않다. 죽은 사람의 모습을 새긴 나무 인형을 만들어 목곽 옆에 두어 그 숫자를 알 수 있게 했다. 그리고 그릇에다 쌀을 넣어 목곽 입구 쪽에 매달아놓았다.

동예실록

동예(東濊)는 옥저와 매우 비슷한 역사를 가지고 있다. 위치한 지역부터 비슷했기 때문에 일면 당연했다. 중국 역사서에는 예(濊)라고 되어 있으나, 넓은 의미의 예(濊)와 구별하기 위해 통상 '동예'라고 부른다.

『후한서』『삼국지』등에 북쪽으로 고구려·옥저, 남쪽으로 진한(辰韓), 서쪽으로 낙랑군과 접해 있었으며, 동쪽에는 큰 바다가 있었다고 되어 있다. 이를 근거로 그 위치를 함경남도(오늘날 북한의 강원도) 원산·안변 일대에서 경상북도 영덕에 이르는 동해안 지역과 강원도 북부 지방으로 보는 것이 보통이다.

중국 역사서에서 동예의 역사는 기자(箕子)에게 교화되어 도둑이 없을 정도로 순박하게 문명개화되었다는 이야기로 시작된다. 바로 이어서 위만의 찬탈 과정을 서술한 다음, 기원전 128년 "예(穢)의 우두머리 남려(南閭) 등이 위만의 손자 우거를 배반하여 28만 명을 이끌고 요동군(遼東郡)에 투항했다"는 내용이 나온다.

그만큼 동예가 위만조선의 통제를 받고 있었음을 말해주는 내용이라 하겠다. 『후한서』에는 동예가 옛날 고조선의 땅이라고 했다. 위만조선이 한나라에 멸망당한 다음, 동예가 한 군현의 변화에 따라 낙랑군 동부도위로 소속이 바뀌어 통제를 받다가 고구려의 지배를 받게 되었다는 점까지는 옥저와 거의 같다.

한 군현이 설치된 다음 "점차 호족(湖族)과 한족(漢族) 사이에 구별이 생겼다"거나 "풍속이 점점 나빠져 법령이 60개 조로 늘어났다"는 내용이 추가될 뿐이다. "예(穢)의 노인들이 자신들은 고구려와 같은 종족이라 말했다"는 기록이 남을 만큼 언어·법령·풍속 등이 고구려와 비슷했다는 점 역시 옥저와 닮은꼴이다.

관구검이 고구려를 침공했을 때도 동예는 옥저와 비슷한 상황에 직면했다. 245년 낙랑태수(樂浪太守) 유무(劉茂), 대방태수(帶方太守) 궁준(弓遵) 등이 관구검의 고구려 침공을 틈타 고구려에 복속된 동예를 공략했다고 되어 있다. 옥저와 다른 점은 이때 불내후(不耐侯) 등이 위나라에 투항했다는 사실이다. 247년에 불내후가 조공을 바치자 위나라 측에서는 불내후를 불내예왕(不耐濊王)으로 임명해주었다. 고구려가 관구검의 침공에 타격을 받은 틈에 동예가 낙랑군 소속으로 들어갔다는 뜻이다.

그렇지만 위나라를 이은 진(晉)까지 쇠퇴하면서, 고구려는 313년 낙랑군을 병합해버렸다. 그러면서 동예는 다시 고구려의 지배 아래 들어갔다. 광개토왕비에 나오는 부여를 동예로 해석하여 5세기 전반까지 존재했다고 주장하는 경우도 있다. 고구려는 동예 지역을 하서량(河西良: 또는 하슬라何瑟羅)으로 편제했다. 이 지역은 뒷날 신라로 편입되었다.

불내예왕이 "백성들 사이에 섞여 살면서 계절마다 군[낙랑]에 와서 조알했다"는 구절을 '통치력이 미약했다'는 뜻으로 해석하기도 한다. 동예에 "대군장(大君長)이 없고, 관직에 후(侯)·읍군(邑君)·삼노(三老)가 있다"는 내용도 마찬가지다. 각 읍락의 지배자들이 피지배층에 해당하는 하호(下戶)를 직접 통치하는 구조라고 묘사하고 있는 것이다.

인구는 2만여 호(戶)에 달했으며, 의복만 약간 달랐을 뿐 풍속과 법령·언어가 고구려와 비슷했다고 한다. 동예 사람들의 성향은 우직하고 욕심이 적으며, 염치가 있어 남에게 구걸하거나 도움을 청하지 않는다고 되어 있다. 남녀 모두 곡령(曲領: 목둘레를 둥글게 한 옷깃)을 입고, 남자는 몇 치짜리 은꽃을 옷에 꿰매어 장식했다고 한다. 동예인들은 3장(丈: 1장은 약 3미터) 달하는 긴 창을 만들어 사용했으며 보병전에 능했다.

동예에서는 산과 내[川]를 경계로 해 구역을 나누는 관습이 있었다. 이를 어겼을 경우 생구(生口: 노예)나 소·말 등으로 보상하게 했는데 이를 '책화(責禍)'라 불렀다. 같은 성(姓)끼리는 결혼하지 않았다. 이를 족외혼(族外婚) 풍속이 있었음을 보여준다고 해석한다.

동예 사람들은 가족 중 한 사람이 질병으로 사망하면 곧 살던 집을 버리고 새 집으로 옮겨갈 정도로 금기(禁忌)가 많았다. 여기서 당시 동예 사람들의 집이 매우 소박했기 때문에 이런 금기가 성립할 수 있었다는 주장도 있다. 살인자는 사형에 처했고 도둑이 별로 없었다고 한다.

또 호랑이를 신으로 섬겨 제사를 지냈다. 10월에는 하늘에 제사 지내며 밤낮으로 마시고 춤추고 노래 부르며 즐기는 풍속이 있었다. 이를 '무천(舞天)'이라 했다. 이와 함께 새벽에 별자리를 관찰하여 그 해가 풍년일지 흉년일지 점치는 관습도 있었다.

동예의 땅은 기름졌다. 삼[麻]을 심고 누에를 길러 옷감을 만들었다. 특산물 또한 많았다. 육지에서 나는 표범 가죽과 과하마(果下馬: 나무 밑을 지나갈 수 있는 키 3척짜리 조랑말), 바다에서 나는 반어피(班魚皮: 바다표범의 가죽) 등이 유명했다. 이러한 특산물이 한나라에 진상품으로 보내졌다고 한다. 동예 사람들은 주옥(珠玉)을 보물로 여기지 않았다.

읍루실록

『후한서』에 읍루(邑婁)는 숙신 지역에 있었다고 되어 있다. 그리고 이들이 물길(勿吉)·말갈(靺鞨)의 전신이라고도 한다. 읍루의 영역은 "부여 동북쪽 1,000여 리에 있다. 동쪽으로는 큰 바닷가에 임하고 남으로는 북옥저에 접하며 북쪽 끝은 알 수 없다"고 묘사되어 있다. 이를 통해 그들의 세력권이 무단강(牧丹江)·두만강 지역 중심으로 형성되어 있었다고 추정한다.

"대군장은 없으나 읍락 각각에 대인(大人)이 있다"는 구절을 통해 '고대국가'라고 할 정도의 체제를 완성시키지 못해 읍락마다 추장들이 통치하는 수준이었다고 본다. 한(漢)나라가 존속하던 시기에 부여의 통제 아래에 들어가기도 했으나, 착취에 저항하여 부여의 영향권에서 이탈하려는 시도를 여러 차례 했다. 부여 측에서 여러 번 정벌에 나섰으나 끝내 굴복시키지는 못했다. 읍루 사람들이 활쏘기에 능했고, 화살에 바르는 독의 효과가 뛰어났다는 점이 굴복시키기 어려웠던 이유 중 하나였다. 이들이 주로 험준한 산에 살았다는 점도 또 다른 이유로 지목된다.

3세기 전반 즈음에는 독자 세력권을 유지하며 주위 종족들과 분쟁을 일으켰다. 이들은 해적질을 즐겨, 이웃 나라에서 "두려워하고 근심했으나 복속시키지는 못했다"고 한다. 산이 많은 곳에 살았기 때문에 물자가 부족해 북옥저 같은 주변 지역을 자주 침략했다고 한다. 그러나 이 이상 자세한 내용을 확인하기는 어렵다. 중국 위진·남북조시대에 읍루가 중원 제국에 여러 차례 사절을 파견한 기록이 남아 있다. 그러나 559년 북제(北齊)에 사절을 파견한 이후 읍루는 역사에서 종적을 감추었다.

읍루는 세력은 크지 않았지만 매우 용감했다. "사람의 눈을 맞혔다"는 구절이 나올 정도로 활을 잘 다루었다. 그래서 이들이 사용하던 활과 화살도 관심을 모았다. 활의 길이는 4척(尺)에 달했고, 이 활을 쏘는 데 노와 같은 힘이 들었다고 한다. 화살에는 싸리나무를 사용했으며 그 길이가 1척

(尺) 8촌(寸)이었다. 푸른 돌로 화살촉을 만들었고 촉에는 독을 발라 사람을 즉사시킬 수 있었다. 오곡(五穀)·마포(麻布)·붉은 옥[赤玉] 등이 생산되었다. 특히 담비 가죽[貂皮]은 진귀한 물품으로 취급되어 이들이 만든 활과 함께 중원 제국에 보내는 진상물로 유명했다.

부여인과 비슷한 종족이었지만 언어와 풍속은 많이 달랐다. 환경의 영향이 컸던 듯하다. 추운 지역에 살아 추위를 극복하는 방법과 관련된 기록이 많이 남아 있다. 겨울에는 돼지기름을 두껍게 몸에 발라 추위를 막았다. 돼지를 길러 고기를 먹고 가죽으로는 옷을 만들어 입었다. 여름에는 옷을 따로 입지 않고 앞뒤를 베로 가리고 살았다.

주변 지역과 다른 독특한 풍속을 가지고 있어, 역사 기록에는 읍루의 문화를 멸시하는 투로 적어놓았다. "동이와 부여는 음식을 먹을 때 모두 조두(고급 그릇)를 사용하는데, 읍루만이 그렇지 않아 법과 풍속에 제일 기강이 없다"고 묘사한 것이다. 또 풍속을 전하면서 "사람이 냄새가 많이 나고 더러움을 알지 못해 변소를 가운데 짓고 그 주위에 산다"고 했다. 오줌으로 얼굴을 씻었다는 말도 전한다. 이들이 사는 집 중 큰 것은 사다리 9개를 설치했다. 추위를 이기기 위해 토굴을 파 이용했으며, 토굴 깊이를 중요하게 여겼다고 한다.

남녀 관계 또한 문란했다고 전한다. 남자가 혼인을 하고

자 하면 여자의 머리에 꽃을 꽂아주었고, 여자도 그 남자가 마음에 들면 꽃을 가져가서 예를 치르고 혼인하는 풍습을 가지고 있었다. 사람이 죽으면 당일로 장사 지냈고, 죽은 다음의 생활을 위해 돼지를 같이 묻어주었다. 남자의 경우는 부모가 죽어도 울지 않았다. 법은 매우 엄격하여 도둑질하는 자가 없었다고 한다.

고대 한민족 계통의 문화와 차이가 있기 때문에, 읍루의 계통에 대해서는 고(古)아시아계·고(古)시베리아계·퉁구스족 등으로 해석이 구구하다. 물길·말갈 등이 이들의 후예라고 하나 확인할 수는 없다.

두막루실록

두막루(豆莫婁: 대막루大莫婁·대막로大莫盧·달말루達末婁라고
도 부른다)의 위치는 "물길(勿吉)의 북쪽 1,000리, 낙양으로부
터 6,000리"라고 되어 있다. 사방 2,000리 면적에 실위(失韋)
의 동쪽이며 동쪽은 바다와 닿아 있었다고 한다. 두막루 영
토가 옛 북부여 땅이라는 말도 나온다.

또 두막루에는 산과 구릉·큰 연못이 많고, 동이 지역에서
가장 넓게 트여 있다고 했다. 이러한 점을 종합해서 두막루
의 영토는 오늘날 만주 북부 지역으로 넌강(嫩江) 동쪽·쑹화
강(松花江) 북쪽의 평원 지대였다고 추정한다.

부여의 옛 땅에 세워진 나라이니 당연히 나라를 세운 핵

심 세력은 부여 유민들이 된다. 그런데 두막루를 세운 주체가 예족과 맥족이라는 말이 있다. 이 말대로라면 예맥족이 바로 부여를 비롯한 한국계 고대국가의 핵심 종족이었다는 뜻이 된다.

물론 이를 인정하지 않는 경우도 있다. 먼저 부여와 별개였던 두막루 사람들이 고구려의 세력 확대에 영향을 받아 부여의 후계라 자칭하게 되었다는 주장이 있다. 그리고 부여가 선비족의 공격으로 몰락한 시기, 실위(室韋)와 비슷한 몽골계 종족 두막루가 부여 영역으로 들어와 살았다는 학설이 있다. 부여 땅에 들어와 살던 이들이 이후 고구려가 부여를 병합하자 쑹화강 이북으로 쫓겨나 나라를 세웠다는 것이다.

그렇지만 두막루의 환경과 풍습이 부여와 매우 비슷했다는 점을 주목하여 두막루가 예맥에서 이어진 부여족이라고 보는 학설 또한 만만치 않다. 예맥족이 두막루를 세운 집단이라고 기록되어 있는 점이 중요한 근거다. 여기서 '두막루'가 '다물'('옛 땅을 되찾음'이라는 뜻의 고구려 말)이라고 해석하는 학설이 나온다. 나라가 망하자 부여 유민들이 나하(那河)를 건너가 나라를 세웠다. 이때 북부여의 옛 영토를 되찾아 세운 나라라는 뜻에서 나라 이름을 '두막루'라고 지었다는 것이다.

조금 다르지만 비슷한 맥락의 주장도 있다. 북부여 세력이 부여 영역으로 침투했다가 광개토왕의 부여 정벌 때 다시 본래 영역으로 쫓겨 가 두막루를 세웠다는 것이다. 또 대무신왕 대에 고구려에 패주한 동부여 유민이 북쪽으로 이동하여 두막루를 세웠다는 주장도 있다. 그러나 확실하게 결론이 나 있는 상황이라고 하기는 어렵다.

고향에서 밀려난 세력이 세운 나라였던지라 두막루는 강력한 힘을 갖지 못했던 듯하다. 특히 주변의 물길(勿吉)이 "두막루 등의 나라를 항상 깔보며 여러 나라들도 이를 두렵게 여긴다"는 기록이 있다. 두막루가 농경에 종사하다 보니 물길과 실위 등 유목 민족의 침략을 많이 받아 이를 두려워했다는 뜻으로 본다.

두막루가 세워진 시기는 대략 5세기 중엽으로 486년 이전이라는 점만 확인될 뿐이다. 중국 역사서인 『위서(魏書)』에 물길의 사신 후니지(侯尼支)가 485년 북위에 조공 사절로 왔다는 기록이 그 점을 알려준다. 물길은 그다음 해에 다시 조공 사절을 파견했는데, 이때 물길 주변에 있던 대막로국(두막루국) 등의 나라에서도 사신을 보내 조공을 바쳤다고 한다.

그렇지만 두막루가 세워진 정확한 시점에 대해서는 아직 논란이 있다. 동부여가 고구려 광개토대왕에게 점령된 시점인 410년과 부여가 고구려 문자명왕(文咨明王)에게 합병된 494년이 유력하게 제시되는 시점이다.

567년에는 돌궐·대막루·실위·백제말갈 등의 나라들이 각각 조공 사절을 파견했다고 한다. 569년에도 대막루국이 사신을 보내어 조공했다는 기록이 있다. 한동안 사라졌던 두막루의 존재가 당나라 현종(玄宗) 때 다시 나타난다. 723년에 "달말루의 구 2군(姤二郡) 수령이 조공했다" 하며, 724년에는 달말루의 대수령 낙개제(諾皆諸)가 와서 조공했다는 것이다.

이때 달말루에서 온 사신들은 스스로를 북부여의 후예라며, 고려[고구려]가 그 나라를 멸망시키자 유민들이 나하(那河)를 건너서 자리 잡았다고 했다. 나하를 타루하(他漏河)라고도 했는데, 동북쪽으로 흘러 흑수(黑水: 헤이룽강黑龍江)로 들어간다는 말도 있다.

여기서 언급된 타루하는 오늘날 넌강에서 동쪽으로 흘러 쑹화강으로 이어지는 하천으로 본다. 이를 통해 두막루의 위치를 추정하면 이 지역은 부여의 북쪽 끝으로, 부여 시조 동명왕의 고리국(槁離國)이 있던 곳이다. 그래서 두막루 사람들이 부여의 후예라고 자처했다 한다.

그렇지만 726년 즈음, 두막루는 발해와 흑수말갈(黑水靺鞨)에 영토를 양분당하며 멸망의 길로 들어섰다. 당시 발해는 무왕 대무예(武王 大武藝)가 세력을 확장하면서 쑹화강을 경계로 흑수말갈과 대치하고 있었다. 이 지역에 자리 잡고 있던 두막루는 이러한 정세의 영향에서 벗어나지 못한 셈이다. 이후 두막루 지역은 철리부(鐵利府) 또는 회원부(懷遠府)에 소속되면서 발해 영토로 흡수되었다.

두막루의 문화는 스스로 후예를 자처할 만큼 부여 문화와 비슷했다. 주변에 있던 물길과 실위는 유목·수렵·어로가 주요 산업이었던 것과 달리, 두막루에서는 농경이 주요 산업이었다.

"오곡(五穀)은 잘 자라지만, 오과(五果)는 나지 않는다"는 점부터 시작해서, "관직 이름을 여섯 가축의 이름을 따서 지었다"는 점 등 부여에 대한 설명과 거의 같은 내용이 나타난다. 법이 엄격하여 간음과 투기하는 여자에 대한 처벌이 가혹했다는 점, 투기하다 적발된 여자를 죽여서 시체를 산 위에 놓고 썩힌다는 점, 여자 집에서 이 시신을 거두려면 소나 말을 주어야 한다는 점, 음식을 조두라는 그릇에 담아 먹었다는 점, 지역 유지들이 금·은으로 장식했으며, 살인자는 죽이고 그 집안사람을 노비로 삼았다는 점 등 문화 대부분이 부여와 같다.

단지 의복만은 고구려와 비슷했다고 한다. "삼과 베가 있고, 옷을 마름질하는 것은 고려[고구려]와 비슷하나 폭이 넓다"는 기록이 나오는 것이다. 그러나 이를 두고도 굳이 두막루가 부여와 차이가 있었다고 해석하지 않을 수 있다. 선비족 모용씨 세력의 쇠퇴와 함께 부여가 사실상 고구려 세력권 안으로 흡수되면서, 부여의 의복 자체가 고구려와 같아졌다고 볼 수 있기 때문이다.

단지 두막루의 언어는 실위(失韋)·고막해(庫莫奚)·거란 등과 같았다고 한다. 중국 역사서인 『위서』에 실위의 "언어는 두막루와 같았다"고 기록되어 있다. 이를 근거로 두막루를 구성한 종족을 몽골족 계통으로 보기도 한다. 이와 달리 처음에는 두막루의 언어가 부여와 같았으나 나중에 거란어가 많이 유입되어 이러한 상황이 나타난 것으로 해석하기도 한다. 그렇지만 이 문제 역시 명확한 결론을 내릴 수 없을 만큼 두막루는 여전히 베일에 싸인 나라로 남아 있다.

프랑스엔 〈크세주〉, 일본엔 〈이와나미 문고〉,
한국에는 〈살림지식총서〉가 있습니다.

📖 전자책 | 🔍 큰글자 | 🔊 오디오북

고조선왕조실록

| 펴낸날 | 초판 1쇄 2016년 6월 30일 |
| | 초판 2쇄 2021년 6월 15일 |

지은이	이희진
펴낸이	심만수
펴낸곳	(주)살림출판사
출판등록	1989년 11월 1일 제9-210호

주소	경기도 파주시 광인사길 30
전화	031-955-1350 팩스 031-624-1356
홈페이지	http://www.sallimbooks.com
이메일	book@sallimbooks.com

| ISBN | 978-89-522-3440-7 04080 |
| ISBN | 978-89-522-0096-9 04080 (세트) |

※ 값은 뒤표지에 있습니다.
※ 잘못 만들어진 책은 구입하신 서점에서 바꾸어 드립니다.

이 도서의 국립중앙도서관 출판시도서목록(CIP)은 서지정보유통지원시스템 홈페이지
(http://seoji.nl.go.kr)와 국가자료공동목록시스템(http://www.nl.go.kr/kolisnet)에서
이용하실 수 있습니다.(CIP제어번호: CIP2016014517)

085 책과 세계

강유원(철학자)

책이라는 텍스트는 본래 세계라는 맥락에서 생겨났다. 인류가 남긴 고전의 중요성은 바로 우리가 가 볼 수 없는 세계를 글자라는 매개를 통해서 우리에게 생생하게 전해 주는 것이다. 이 책은 역사라는 시간과 지상이라고 하는 공간 속에 나타났던 텍스트를 통해 고전에 담겨진 사회와 사상을 드러내려 한다.

056 중국의 고구려사 왜곡 eBook

최광식(고려대 한국사학과 교수)

중국의 고구려사 왜곡의 숨은 의도와 논리, 그리고 우리의 대응 방안을 다뤘다. 저자는 동북공정이 국가 차원에서 진행되는 정치적 프로젝트임을 치밀하게 증언한다. 경제적 목적과 영토 확장의 이해관계 등이 복잡하게 얽혀 있는 동북공정의 진정한 배경에 대한 설명, 고구려의 역사적 정체성에 대한 문제, 고구려사 왜곡에 대한 우리의 대처방법 등이 소개된다.

291 프랑스 혁명 eBook

서정복(충남대 사학과 교수)

프랑스 혁명은 시민혁명의 모델이자 근대 시민국가 탄생의 상징이지만, 그 실상을 아는 사람은 많지 않다. 프랑스 혁명이 바스티유 습격 이전에 이미 시작되었으며, 자유와 평등 그리고 공화정의 꽃을 피기 위해 너무 많은 피를 흘렸고, 혁명의 과정에서 해방과 공포가 엇갈리고 있었다는 등의 이야기를 통해 프랑스 혁명의 실상을 소개한다.

139 신용하 교수의 독도 이야기 eBook

신용하(백범학술원 원장)

사학계의 원로이자 독도 관련 연구의 대가인 신용하 교수가 일본의 독도 영토 편입문제를 걱정하며 일반 독자가 읽기 쉽게 쓴 책. 저자는 역사적으로나 국제법상으로 실효적 점유상으로나, 어느 측면에서 보아도 독도는 명백하게 우리 땅이라고 주장하며 여러 가지 역사적인 자료를 제시한다.

144 페르시아 문화

신규섭(한국외대 연구교수)

인류 최초 문명의 뿌리에서 뻗어 나와 아랍을 넘어 중국, 인도와 파키스탄, 심지어 그리스에까지 흔적을 남긴 페르시아 문화에 대한 개론서. 이 책은 오랫동안 베일에 가려 있던 페르시아 문명을 소개하여 이슬람에 대한 편견과 오해를 바로 잡는다. 이태백이 이 관계였다는 사실, 돈황과 서역, 이란의 현대 문화 등이 서술된다.

086 유럽왕실의 탄생

김현수(단국대 역사학과 교수)

인류에게 '예술과 문명' 그리고 '근대와 국가'라는 개념을 선사한 유럽왕실. 유럽왕실의 탄생배경과 그 정체성은 무엇인가? 이 책은 게르만의 한 종족인 프랑크족과 메로빙거 왕조, 프랑스의 카페 왕조, 독일의 작센 왕조, 잉글랜드의 웨섹스 왕조 등 수많은 왕조의 출현과 쇠퇴를 통해 유럽 역사의 변천을 소개한다.

016 이슬람 문화

이희수(한양대 문화인류학과 교수)

이슬람교와 무슬림의 삶, 테러와 팔레스타인 문제 등 이슬람 문화 전반을 다룬 책. 저자는 그들의 멋과 가치관을 흥미롭게 설명하면서 한편으로 오해와 편견에 사로잡혀 있던 시각의 일대 전환을 요구한다. 이슬람교와 기독교의 관계, 무슬림의 삶과 낭만, 이슬람 원리주의와 지하드의 실상, 팔레스타인 분할 과정 등의 내용이 소개된다.

100 여행 이야기

이진홍(한국외대 강사)

이 책은 여행의 본질 위를 '길거리의 철학자'처럼 편안하게 소요한다. 먼저 여행의 역사를 더듬어 봄으로써 여행이 어떻게 인류 역사의 형성과 같이해 왔는지를 생각하고, 다음으로 여행의 사회학적·심리학적 의미를 추적함으로써 여행에 어떤 의미를 부여할 것인가에 대해 말한다. 또한 우리의 내면과 여행의 관계 정의를 시도한다.

293 문화대혁명 중국 현대사의 트라우마 eBook

백승욱(중앙대 사회학과 교수)

중국의 문화대혁명은 한두 줄의 정부 공식 입장을 통해 정리될 수 없는 중대한 사건이다. 20세기 중국의 모든 모순은 사실 문화대혁명 시기에 집약되어 있다고 해도 과언이 아니다. 사회주의 시기의 국가·당·대중의 모순이라는 문제의 복판에서 문화대혁명을 다시 읽을 필요가 있는 지금, 이 책은 문화대혁명에 대한 안내자가 될 것이다.

174 정치의 원형을 찾아서 eBook

최자영(부산외국어대학교 HK교수)

인류가 걸어온 모든 정치체제들을 매우 짧은 기간 동안 시험하고 정비한 나라, 그리스. 이 책은 과두정, 민주정, 참주정 등 고대 그리스의 정치사를 추적하고, 정치가들의 파란만장한 일화 등을 소개하고 있다. 특히 이 책의 저자는 아테네인들이 추구했던 정치방법이 오늘 우리 사회가 당면한 문제를 해결할 수 있는 지혜의 발견에 도움을 줄 수 있을 것이라고 말한다.

420 위대한 도서관 건축순례 eBook

최정태(부산대학교 명예교수)

이 책은 도서관의 건축을 중심으로 다룬 일종의 기행문이다. 고대 도서관에서부터 21세기에 완공된 최첨단 도서관까지, 필자는 가능한 많은 도서관을 직접 찾아보려고 애썼다. 미처 방문하지 못한 도서관에 대해서는 문헌과 그림 등 가능한 많은 정보를 수집하려 노력했다. 필자의 단상들을 함께 읽는 동안 우리 사회에서 도서관이 차지하는 의미에 대해 다시 생각하게 된다.

421 아름다운 도서관 오디세이 eBook

최정태(부산대학교 명예교수)

이 책은 문헌정보학과에서 자료 조직을 공부하고 평생을 도서관에 몸담았던 한 도서관 애찬가의 고백이다. 필자는 퇴임 후 지금까지 도서관을 돌아다니면서 직접 보고 배운 것이 40여 년 동안 강단과 현장에서 보고 얻은 이야기보다 훨씬 많았다고 말한다. '세계 도서관 여행 가이드'라 불러도 손색없을 만큼 풍부하고 다채로운 내용이 이 한 권에 담겼다.

eBook 표시가 되어있는 도서는 전자책으로 구매가 가능합니다.

㈜살림출판사
www.sallimbooks.com
주소 경기도 파주시 문발동 522-1 | 전화 031-955-1350 | 팩스 031-955-1355